전라북도

한국의 전통향토음식 6

전라북도

농촌진흥청 농업과학기술원
농촌자원개발연구소

(주)교 문 사

발간사

오천 년의 역사를 간직하고 있는 우리나라는 선조들의 혼이 깃들어 있는 세계에 자랑할 만한 우수한 전통문화를 가지고 있습니다. 국가 자산인 전통문화를 세계인의 문화 명품으로 발전시키기 위하여 정부에서는 '한(韓) 스타일 육성 종합 계획'을 수립하고 한식, 한복, 한옥, 한글, 한지, 한국음식 등 6가지 전통문화상품에 대한 육성 노력을 기울이고 있습니다. 이 중 농림수산식품부는 '한식' 육성에 관한 주무부처로 한국음식을 산업화·세계화함으로써 국가 이미지를 고양시키기 위한 정책을 추진하고 있습니다.

의식주문화 중 식생활문화는 쉽게 변하지 않는 특성을 가지고 있어서 그 민족의 문화를 측정하는 도구로 가치가 있다고 합니다. 우리나라는 선사시대부터 일찍이 농경을 시작하여 다양한 식품 재료를 이용한 음식문화가 발달했으며, 인접 국가인 중국, 일본과 차별화된 독특한 문화를 형성하였습니다. 또한 산맥이나 바다 등 지형적인 영향으로 지역마다 생산되는 특산물이 달라서 다양한 조리법과 맛을 지니고 있습니다. 외국인들에게 잘 알려진 김치의 종류도 수십 가지에 이르며, 같은 종류의 김치도 사용하는 젓갈이나 양념에 따라 다양한 맛을 냅니다. 최근 우리 음식은 영양학적 우수성과 기능성이 밝혀지면서 세계적으로 '건강식', '장수식'으로 인정받고 있으며, 새로운 가치창출을 위한 자원으로 부각되고 있습니다. 이처럼 독특하고 우수한 음식문화가 상품화·세계화를 위한 발판이 될 수 있으며, 관광·외식 등과 연계한 3차 산업으로 발전 가능성을 보여 줍니다.

그러나 사회가 발전하면서 다양하고 향토성이 짙은 우리의 음식문화가 빠르게 서구화되고, 이용하는 음식의 종류도 단순해지고 있습니다. 따라서 급변하는 식생활문화에 대응하고, 국가 자원인 '한식'을 세계화하기 위하여 사라지고 있는 전통향토음식의 조사·발굴 및 국가 차원의 통합자료화가 절실히 요구되고 있습니다.

농촌진흥청에서는 전통향토음식의 연구와 교육뿐만 아니라 지방자치단체의 농촌지도기관과 협력하여 지역의 전통향토음식을 계승·발전시키는 데 일익을 담당해 왔습니다. 이는 여전히 농촌은 식품 재료를 생산하고 전통향토음식을 이용하면서 조리법을 보유하고 있는 공간이기 때문입니다. 지금까지 농촌진흥청 및 농촌지도기관에서 몇 차례에 걸쳐 전통향토음식을 정리하여 책자로 발간하였으나, 통합자료화 및 전문가 검증이 미흡했던 아쉬움이 있었습니다.

이에 농촌진흥청 농업과학기술원 농촌자원개발연구소에서는 국가 산업자원으로 부각되고 있는 전통향토음식의 권리를 확보하고 세계화 기반을 구축하고자, 1999년부터 2005년까지 전국 9개 도의 전통향토음식에 대한 조사 · 발굴을 하였고, 2006년부터 2007년까지 지역성 및 역사성 검증, 자료의 표준화 등 학계의 검증을 받아 전통향토음식을 집대성한 10권의 책을 발간하게 되었습니다. 제1권 『상용음식』은 우리나라의 어느 지역에서나 일상적으로 먹는 음식을 수록하였고, 제2권부터는 각 도별 전통향토음식으로 행정구역상 9개 도로 구분하여 제2권 『서울 · 경기도』에서 제10권 『제주도』까지 전통향토음식을 수록하였습니다.

전통향토음식과 식생활문화에 대한 관심 고조로 그 가치가 재조명되는 시점에, 오랜 기간 동안 자료를 수집하여 우리의 전통향토음식을 총망라한 책을 발간하게 되어 기쁘게 생각합니다. 이 책이 농촌의 향토산업 활성화에 중요한 자료로 활용됨과 동시에 '가장 한국적인 음식이 가장 세계적인 음식' 으로 거듭나는 데 밑거름이 되고, 관련 분야 연구 및 교육에 활용되어 우리 식생활 문화 발전에 일조할 수 있기를 바랍니다.

이 책이 발간되기까지 현지조사 및 조리법 재현에 협조해 주신 농촌지도기관 생활지도직 공무원 및 향토음식연구회원들께 감사를 드립니다. 특별히 제6권 『전라북도』의 지역성 검증 및 자료 표준화에 참여해 주신 전주대학교 서혜경 교수님과 감수를 위해 수고해 주신 전 명지대학교 조후종 교수님, 군산대학교 주종재 교수님께 감사드립니다. 연구결과물을 더욱 빛나게 제작 · 출판해 주신 (주)교문사의 류제동 사장님 이하 관계자 여러분께도 감사의 마음을 전합니다.

2008년 5월

농촌진흥청 농업과학기술원 농촌자원개발연구소

소장 **조 순 재**

차 례

제 2 장 전라북도의 전통향토음식 종류와 만드는 방법 043

주식류

부식류

음청류

주류

全羅北道

제1부

전통향토음식

조사 · 발굴 및 표준화

1. 전통향토음식의 정의
2. 전통향토음식의 조사 · 발굴
3. 전통향토음식의 유형별 분류 기준
4. 전통향토음식 자료의 표준화
5. 전통향토음식의 지역성 검증
6. 고문헌을 통한 역사성 검증

제1부
전통향토음식 조사·발굴 및 표준화

의식주는 한 국가나 민족의 특성을 나타내는 대표적인 문화양식이다. 그 중에서도 음식문화는 쉽게 변화하지 않는 성질이 있어서 본래의 모습이 잘 보존되어 있으므로 한 민족의 문화를 파악하기에 매우 적합한 것이라 하겠다. 음식문화는 지리, 기후, 풍토 등의 자연환경과 정치·경제·사회적 환경이 복합되어 문화권마다 서로 다르게 발달해 왔다. 우리나라에서도 해안가인지, 평야지인지 혹은 큰 산맥의 존재 여부 등에 따라 지역마다 독특한 음식문화가 형성되었다. 김치를 예로 들면, 경기도 지역은 국물을 넉넉히 넣고 젓갈을 적게 넣은 시원하고 심심한 백김치를 담그고, 경상도의 내륙 지방에서는 주변에서 쉽게 구할 수 있는 젓갈과 양념을 이용해서 젓갈김치와 콩잎김치를, 전라도에서는 젓갈과 양념을 많이 넣은 갓김치 등을 담근다.

전통향토음식의 중요성을 몇 가지 살펴보면, 첫째 생물다양성 유지를 위해 전통향토음식의 다양성이 유지되어야 한다는 점이다. 즉, 음식문화는 주변에서 쉽게 구할 수 있는 재료를 이용하여 발달하기 때문에 전통향토음식이 다양하면 다양한 생물자원이 자랄 수 있는 여건이 마련되는 것이다. 음식 자체가 획일화되어 민족음식이나 전통향토음식이 줄어든다면 식품재료로 이용하는 생물자원이 줄어들어 그 지역의 생물다양성은 감소될 수밖에 없기 때문이다. 1992년에 체결된 생물다양성협약(CBD : Convention on Biological Diversity) 제8조 j항에서는 생물다양성을 보존하기 위해 전통향토음식, 의약 등의 전통지식을 관리하고 활용하도록 권장하는 조항을 만들었다.

둘째, 전통향토음식은 새로운 부가가치 자원으로 활용되고 있으며, 다른 자원과 달리 자국(自國)만이 고유하게 보유하고 있어서 차별화가 가능한 독점적인 산업화 아이템이라는 점이다. 따라서 국제적으로 전통향토음식을 산업화하려는 노력들이 이루어지고 있다. 태국의 'kitchen of the world' 프로젝트는 정부에서 자국의 전통향토음식을 세계화하기 위한 사업으로, 전 세계에 태국음식점을 2007년까지 8,500개로 확대함으로써 전통향토음식의 식품재료와 조리기구 수출,

조리사 파견 등 파급 효과를 기대하는 전통향토음식 산업화의 대표적인 예라 하겠다.

셋째, 전통향토음식은 국가 이미지 제고에 중요한 역할을 한다. 사람들은 특정 지역이나 국가를 독특한 음식과 관련지어 연상하기도 하고, 반대로 맛있는 음식을 먹을 때 특정 지역을 연상하기도 한다. 김치의 경우 세계적인 음식으로 발전하여 외국인들은 김치하면 한국을 떠올리게 된다. 또한 2006년 미국의 건강전문잡지 월간 '헬스'가 선정한 세계 5대 건강식품 중 하나로 김치가 선정된 것과 같이 김치는 우리나라의 국제적인 이미지를 높이는 데 기여하고 있다.

이처럼 중요한 의미를 갖는 전통향토음식은 최근 전 세계가 급속도로 가까워지면서 지역성·고유성이 없이 획일화되어 가는 경향을 보이고 있다. 우리의 식탁에서도 일상적으로 먹고 있는 음식의 재료나 종수가 몇 가지 품목으로 한정되어 가고 있는데, 이러한 추세가 지속되면 전통향토음식이 서서히 잊혀지고 우리 음식문화의 정체성 또한 잃어버리게 될 것이다. 따라서 전통향토음식을 만들어 먹던 세대가 현존해 있을 때 전통향토음식을 조사·발굴하고 목록화하는 일이 시급히 요청된다고 하겠다. 또한 지금까지 전통향토음식은 단순히 문화의 일부로만 여겨져 왔으며 자원으로서의 인식은 부족하였다. 그러나 오늘날의 시대적 흐름에 따라 전통향토식품(음식)은 국가의 소중한 자원으로 관리되어야 하므로 전통향토음식을 통합적으로 관리하는 방안이 모색되어야 한다. 이는 전통향토음식의 권리를 확보하고 상품성 증진 및 세계화를 위한 기반이 되며, 우리 민족이 보유한 독특한 자산을 계승·발전시키는 가장 우선적이고 필수적인 과정이라 할 것이다.

1. 전통향토음식의 정의

'예부터 전하여 온 음식'에 관하여 전통음식, 향토음식, 민속음식, 토착음식 등의 다양한 명칭이 혼용되고 있다. 가장 많이 쓰이는 명칭은 '전통음식'으로, 전통음식의 사전적 정의는 한 지역에 전래된 음식 중 해당 지역 사람들이 그 가치를 높이 평가하여 선호하는 음식이라는 것이며, 여기서 지역 사람들이 가치를 부여하였다고 하기 위해서는 특정 연령층, 특정 계층 등 일부의 사람들만이 아닌 지역 전체의 다수가 최소 한 세기, 100년에 걸쳐 선호된 것이어야 한다. 다수의 사람들이 3세대에 해당하는 한 세기 이상 선호하고 있다면 전통음식으로서 가치가 있다는 확고한 증거가 되기 때문이다(신애숙, 2000). 또한 쉴즈(Shils, 1992)는 전통은 최소한 3세대가 지속되어야 한다고 주장하였고, 버크(Burke, 1978)는 한 세대에서 다른 세대로 전달되는 데 적은 부분만 변하고 그 본질과 눈으로 볼 수 있는 정체가 남아 있는 것이 전통이라고 정의하였다.

한억(1996)은 전통음식이란 한국에서 대략 1세기 이전부터 일상생활, 궁중, 통과의례, 세시풍속 등을 통한 고유의 역사적 배경과 문화적 특질을 지니면서 지역 특성에 맞게 전승되어 현존하는 음식문화로서 한국인의 식생활에 유익하도록 합리적으로 재창조해 오는 음식문화의 총칭이라고 하였다. 또한 전통음식은 시간성, 공간성, 의례성, 외래성, 변형성 등의 특성을 가지고 있으며 이들이 하나의 유기적인 문화복합체로서 입체적으로 형성되고 요인 간의 상호 관련성이 복잡하게 작용하고 있다고 하였다.

전통음식 다음으로 널리 사용되는 전래음식에 대한 용어가 바로 향토음식이다. 향토음식의 경우 전통음식과 같이 다수의 주민에 의하여 한 세기 이상 선호되지는 못하였지만 특정 지역 주민에 의하여 지속적으로 선호되는 음식을 말하며(신애숙, 2000), 지역 특산물을 이용하여 그 지역의 독특한 전래 조리법에 의하여 만든, 지역 주민이 선호하는 음식이라고 정의할 수 있는데, 이 또한 고정적인 것이 아니라 시대에 따라 달라지는 것이다(두산세계대백과사전, 1999). 한억(1996)은 향토음식을 지역 특산물을 이용하여(공간성) 그 지역에서 고유하게 전승되어 온 비법으로 조리하거나(고유성) 또는 그 지역의 문화적 이벤트를 통해서 발달된 음식(의례성)이라고 하였다. 이러한 점에서 전통음식에서 강조되는 오랜 생명력을 지녀 '현존하는 과거'로서의 시간적 개념보다는 지역 공간의 수평적 개념을 바탕으로 끊임없이 생성되고 소멸되는 과정을 거치면서 형성된 음식으로 보아야 할 것이며, 주변 지역의 음식과 분명한 차별성이 나타나는 특징이 있다고 하였다.

문헌에 정리된 향토음식의 정의를 요약해 보면 다음과 같다. 첫째, 향토음식은 그 지방에서 주로 많이 생산되는 특산물 혹은 그 지역에서 생산된 재료를 사용하여 그 지역에서 고유하게 전승되어 온 비법으로 조리하거나 또는 그 지역의 문화적 행사를 통해 발달한 음식으로, 타 지역에서는 그와 같은 음식을 쉽게 찾아 볼 수 없는 것으로 정의된다(윤숙경, 1994). 둘째, 향토음식은 타 지역에서 공급받은 재료라도 우리 지역에 적합한 조리법 또는 우리 지역 특정인의 고유한 조리법으로 만든 음식을 말한다(김복일 · 오영준, 1998). 셋째, 향토음식은 각지 어디에서나 있는 보편적인 재료라도 우리 지역의 생활형태나 기후풍토 등의 지역적 특성이 바탕이 된 특유의 조리법이나 가공기술을 이용하여 만든 음식이다. 넷째, 세시 풍속이나 통과의례 시 우리 지방에서 조상들이 만들어 유명해진 음식도 향토음식의 범주에 들어간다(진양호 외, 2001). 다섯째, 옛날부터 그 지방 행사와 관련하여 만든 음식으로 오늘날까지 전해져 오는 음식이다(윤은숙 외, 1995 ; 한국관광공사, 1993). 즉, 향토음식은 그 지방의 재료로 그 지방의 조리법으로 조리하여 타 지방과 차별화된 음식이라 할 수 있겠다(민계홍, 2003 ; 이선호 · 박영배, 2002 ; 신애숙, 2000). 또한 향토음식은 그 지방 사람들의 사고방식과 생활양식을 반영하며 각종 문화행사를 바탕으로 발달하는 특성을 지니고 있다고 하겠다(김복일 · 오영준, 1998).

위에서 전통음식과 향토음식의 개념 사이에 중복된 의미와 상호연관성이 있음을 알 수 있다. 손영진(2004)은 한국음식에 있어서 향토음식은 전통음식의 뿌리이자 모체라고 설명하였다. 한국음식의 특징은 뚜렷한 지역적 특성과 공간성, 고유성, 의례성 등 수평적 공간축 형성을 바탕으로 한 향토음식과 이러한 향토음식이 수직적 시간축 형성을 이루어 가는 전통음식을 떼어서 생각할 수 없고, 또한 전통음식에서 향토음식을 배제하여 생각할 수 없는 유기적인 관계로 파악되고 있으며, 이들은 상호 개념적으로 유사하지만 다른 측면에서는 구분된 구조를 갖고 있다. 한억(1996)에 따르면 향토음식은 전통음식의 뿌리에 해당하는 가장 기본적인 음식 형태로 오히려 새로운 문화 변동에 대한 포용성을 지닌 모체로서의 성질을 가지며, 향토음식이 점차 시간이 흐르면서 '전통'의 성질을 갖게 되어 전통향토음식이 되는 것이라고 하였다. 또한 고범석 · 강석우(2004)에 의하면 전통이라는 용어가 토속, 향토를 아우르는 상위어로 사용되는데, 예컨대 전라남도 지역만을 지칭할 경우에는 향토문화, 향토음식과 같이 향토란 단어를 쓰는 것이 적절하다. 그러나 대한민국 전체를 아우를 때는 향토가 아닌 전통이라는 표현이 맞으므로 김치를 대한민국 향토음식이라고 하지 않고 대한민국 전통음식이라 한다고 하였다. 표 1에는 이미 보고된 향토음식과 전통음식의 정의에 관하여 몇 가지를 비교 제시하였다.

앞의 내용을 정리하여 보면 향토음식은 전통음식의 뿌리요, 모체이다. 즉, 한국음식에서는 전통음식을 떼어서 생각할 수 없고 전통음식에서 향토음식을 배제하여 생각할 수 없는 유기적인 관계로 파악되며 개념적으로는 유사하나 구분되는 구조가 내재되어 있다. 향토음식이 시간적으로 일정기간(3세대, 100년)을 경과하여 역사성을 갖게 되면 전통음식으로 불리게 되므로, 미래의 전통음식이라 할 수 있는 향토음식과 현재의 전통음식을 동시에 정리하는 것이 국가자원의 관리 측면에서 유익할 것으로 생각되어 이들 모두를 포함한 개념으로 '전통향토음식'이라는 용어를 사용하고자 한다. 전통향토음식의 정의는 "향토음식이거나 전통음식(향토음식 또는 전통음식)인 것으로 우리가 계승 · 발전시켜야 할 우리의 음식"으로 설명할 수 있다.

전통향토음식으로 정의한 음식은 다음과 같은 기준에 의하여 선정하였다. 100년 이상의 전통을 가진 음식으로 지금까지 이용되어 온 음식, 혹은 과거에 이용되었으나 지금은 사라진 음식, 외국에서 도입되었으나 우리 음식으로 인지되고 있는 음식, 향토음식 등으로 한정하였다. 다만, 이와 같은 음식들 중 외래어가 사용된 음식은 제외하였고 우리의 고유 명칭으로 불려 온 음식, 고유의 조리법을 활용한 음식으로 선정하였다.

표 1 전통음식과 향토음식의 정의

전통음식	향토음식	참고문헌
한국에서 대략 1세기 이전부터 일상생활, 궁중, 통과의례, 세시풍속 등을 통한 고유의 역사적 배경과 문화적 특질을 지니면서 지역 특성에 맞게 전승되어 현존하는 음식문화로서 한국인의 식생활에 유익하도록 합리적으로 재창조해 오는 음식문화의 총칭임(시간성, 공간성, 의례성, 외래성, 변형성)	• 그 지역의 특산물을 이용하거나(공간성) 그 지역에서 고유하게 전승되어 온 비법으로 조리하거나(고유성) 또는 그 지역의 문화적 이벤트를 통해서 발달된 음식(의례성) • 시간적 개념보다는 지역 공간의 수평적 개념을 바탕으로 끊임없이 생성되고 소멸되는 과정을 거치면서 형성된 음식으로 주변 지역의 음식과 분명한 차별성이 나타나는 특징이 있음	한억, 1996
음식문화 가운데 유형적인 측면이나 무형적인 측면 중 어느 한 가지는 개화기 이전의 것이어야 함. 개화기 이전 전통사회에서 사용된 음식과 개화기 이후 외국에서 전래된 식품들이 지금까지 사용된 우리의 식품재료와 함께 섞여 만들어지거나 혹은 우리의 전통적 방법으로 조리되어 변형된 음식		김성미, 2000
지역의 특산물을 이용하여 그 지역의 독특한 조리법에 의하여 만든 지역 다수의 주민이 한 세기(3세대) 이상 선호하여 오고 있는 음식	지역특산물을 이용하여 그 지역의 독특한 전래 조리법에 의하여 만든 지역 주민이 선호하는 음식	신애숙, 2000
예부터 전하여 내려 오는 음식으로 오랫동안 한 지역에서 먹어 온 음식. 전통음식은 절기식, 시식과 통과의례 음식이 있으며, 왕실, 반가의 화려했던 궁중음식 등이 있음		한재숙 외, 2000
궁중음식, 반가음식, 민속음식으로 대별되는 음식으로 전통적으로 전해 내려 온 음식을 의미함. 조선왕조 500년 역사 속에서 꽃피어난 왕실 반가의 화려했던 궁중음식과 일반 서민의 소박한 서민음식으로 그 고장에서 특색 있게 지켜져 내려 오는 향토음식을 모두 일컬음	• 지역에서 생산되는 재료를 그 지역의 조리법으로 조리하여 과거로부터 그 지역 사람들이 먹어 온 것으로 현재에도 그 지방 사람들이 먹고 있는 것(전통음식보다 협의의 개념) • 특산재료, 지역적 특성 반영, 지역민의 문화와 연계	이효지, 2002 민계홍, 2003
향토음식이 쌓여 나가면서 전통음식으로 자리잡아가는 수직적인 시간축을 이룸(수직적 의미)	지역 특산물을 이용하거나 그 지역에서 고유하게 전승되어 온 비법으로 조리하고 또는 그 지역의 문화적 행사를 통하여 발달된 음식(지역성, 공간성, 고유성, 의례성 – 수평적 의미)	손영진, 2004
	특산물을 타 지역에서 생산된 재료로 독특한 조리법, 흔한 재료와 특유의 조리법과 차별화된 가공기술, 지방행사와 관련된 음식	이승진, 2005
	향토식품 또는 향토음식은 그 지역의 역사 · 문화적 전통이나 특색을 담고 있을 때 그 의미와 가치가 발현됨. 향토식품은 어떤 지역의 자연 · 지리적 조건, 역사적 경험, 문화적 특성이 어우러지면서 다른 지역의 식품과 구별되는 의미를 가짐	배영동, 2006

2. 전통향토음식의 조사 · 발굴

【조사대상 및 시기】

1999년부터 2005년까지 농촌진흥청 농업과학기술원 농촌자원개발연구소에서 경기, 강원, 충북, 충남, 전북, 전남, 경북, 경남, 제주 등 9개 지역을 대상으로 전통향토음식의 조사 · 발굴을 추진하였다. 조사 · 발굴과정에서 각도 농업기술원 및 시군 농업기술센터의 식생활지도를 담당하고 있는 생활지도사의 협조로 전통향토음식의 정보 수집 및 조리법 재현이 이루어졌다. 연도별 및 지역별 조사 · 발굴과정을 살펴보면, 1999년에는 경기도 지역을 대상으로 이건순 교수(당시 농촌자원개발연구소 농업연구관, 현 한국농업대학 교수)와 이효지 교수(당시 한양대학교 교수, 현 한양대학교 명예교수) 중심의 한 연구팀이 자료 조사 및 현지 조사 · 발굴을 수행하였으며, 2000년에는 강원도 지역을 대상으로 이건순 교수와 한복진 교수(당시 한림정보산업대학 교수, 현 전주대학교 교수) 중심의 한 연구팀이 자료 조사 및 현지 조사를 수행하였다. 2001년에는 충청남북도 2개도를, 2002년에는 전라북도를 대상으로 이건순 교수 연구팀이 도별 자료를 조사 · 발굴하였다. 2003~2004년까지는 김행란 농업연구관 연구팀이 전라남도와 경상북도를 대상으로 매년 1개도씩 조사 · 발굴하였고, 2005년에는 경상남도와 제주도 등 2개도를 동시에 조사 · 발굴하였다. 서울, 부산, 대구, 인천, 광주, 대전, 울산 등 특별 · 광역시의 경우 시를 포함하고 있는 도와 함께 조사하였다(예 : 서울, 인천은 경기 지역 조사에 포함).

【조사방법】

문헌을 통한 자료 수집

본 조사에 사용한 문헌으로는 전통음식 또는 향토음식에 관한 자료로, 논문 및 학회지, 단행본, 향토문화지, 전국 시군 및 농촌진흥기관에서 발간한 향토음식 책, 팸플릿, 리플릿, 인터넷 자료 등을 이용하여 자료를 수집하고 정리하였다.

설문지를 통한 자료 수집

전국 시군 농업기술센터를 통하여 전통향토음식에 관심이 있는 전문가, 일반인, 전통향토음식 관련 조직(전통음식연구회, 우리음식연구회, 향토음식연구회)과 생활개선회원 중 해당 지역 출신자를 대상으로 지역에서 먹는 일상음식, 추억의 음식, 지역의 추천음식 등을 기록하도록 하여 자료를 수집하였다.

표 2 전통향토음식 조사자료 양식

음식명		분 류			키워드	조리방법		자료 출처			비 고
음식명 1	음식명 2	대분류	중분류	소분류	키워드	재 료	만드는 법	관련 문헌	관련 시군	정보 제공자	비 고
표준어 기재	방언, 사투리					재 료	조리, 가공법	책, 논문 등	문헌 및 정보제공자 해당 시군	이름, 주소	음식의 특징 및 유래

현지답사를 통한 발굴 및 조리법 재현

자료에 의한 지역음식을 정리한 후 조리방법이 미흡하거나 발굴 필요성이 있는 음식, 잊혀져 가는 음식 등에 대하여 시군 농업기술센터의 협조를 받아 현지답사를 하였다. 현지답사는 먼저 면담 조사과정을 거친 후 문헌에 없는 것이나, 문헌에 있다고 해도 음식명만 기록된 것 또는 너무 간단하게 기록되어 재료나 만드는 방법을 정확하게 알 수 없는 것, 시각자료화가 필요한 것 등은 직접 조리하여 시연하도록 하였다. 조리 시연을 통하여 재료와 양을 계량하고 만드는 과정을 정확히 기록하였으며 사진, 슬라이드, 비디오 등으로 촬영하였다.

【자료의 정리】

모든 자료는 엑셀 프로그램(excel program)을 이용하여 표 2와 같이 정리하였다. 음식명은 1과 2로 나누어 1은 표준어로 된 음식명을 기재하였고 2는 방언(사투리)에 의한 음식명을 기재하였다. 분류는 대분류, 중분류, 소분류로 정리하였으며, 추후 검색 기능을 갖기 위하여 음식에 대한 키워드를 입력하였다. 조리방법에는 재료와 조리방법을, 자료 출처에는 관련 문헌, 관련 시군, 정보제공자 등을 기록하였고 비고에 해당음식의 특징 및 유래 등을 기록하였다.

【자료의 표준화】

정리된 자료의 표준화를 위하여 2006~2007년에 『한국의 전통향토음식』 발간을 위한 전문가위원회를 내 · 외부 전문가 13인으로 구성 · 운영하였다. 위원 중 위원장 및 지역별 전문가를 별도로 선정하였는데, 위원장은 전주대학교 서혜경 교수로 위촉하였고 지역별 전문가로서 경기 지역의 손정우 교수(배화여자대학), 강원 지역의 윤덕인 교수(관동대학교), 충청 지역의 신승미 교수(청운대학교), 경상 지역의 김상애 교수(신라대학교), 전라 및 제주 지역의 서혜경 교수(전주대학교)로 구성하였다. 2년간 6차례의 전문가위원회 협의회를 통하여 용어 정의, 분류체계 설정, 지역성 및 역사성 검증안 마련, 책자 작성방법 및 자료의 표준화 기준을 선정하였다. 이를 근거로 조사 · 발굴된 전통향토음식 자료의 표준화 기준을 정하였다.

3. 전통향토음식의 유형별 분류 기준

한국의 전통향토음식을 분류하는 기준에는 여러 가지 방안이 제시될 수 있다. 조선시대 조리서의 분류법은 주로 재료별 분류법(『음식디미방』(1670년경), 『산림경제』(1715년), 『조선요리』(1940년))과 조리기법별 분류법(『시의전서』(1800년대 말), 『조선요리제법』(1930년대), 『조선요리법』(1938년))으로 되어 있으며 『임원십육지』(1827년경)는 조리기법별 분류 속에 재료별로 정리하고 있다(이성우, 1981). 그 외 『요록』(1680년경), 『주방문』(1600년대 말), 『민천집설』(1752년, 1822년) 등은 분류항목이 없거나 세우지 않고 있다(한억, 1996).

현대에는 제조방법별 분류에 따라 발효음식, 절임음식, 건조음식 등으로, 재료에 따라 농산물, 축산물, 수산물 등으로, 지역에 따라 전통음식 470개 품목을 팔도로 나누어 분류하였다(염초애 외, 1992). 또한 한국음식을 용도별로 분류한 후 조리법의 형태로 분류하여 주식류에는 밥, 죽, 국수와 만두 및 떡국류로 분류하고 부식류에는 국・탕, 찌개・조치, 전골・볶음, 찜・선, 생채・나물, 조림・초, 구이, 적・전, 마른반찬, 편육・족・묵, 회・숙회, 장아찌, 김치, 젓갈・식해로 분류하고 후식류에는 차・화채, 떡・한과를 분류하기도 하였고(윤덕인, 2005 ; 이효지, 2002) 나물류를 숙채, 생채, 잡채, 기타로 구분하기도 하였다(강인희, 1987).

본 서에서 음식 분류는 윤서석(1984, 1991)의 한국음식에 대한 분류를 기준으로 하였고 강인희(1987)와 황혜성 외(2000), 이효지(2002)의 분류를 참조하였다. 대분류, 중분류, 세분류는 음식유형별로 분류하였고, 세세분류는 재료별로 분류하였다. 그 결과 대분류를 주식류, 부식류, 떡류, 과정류, 음청류, 주류 등 6항목, 중분류를 밥, 죽, 미음・범벅・응이 등 55항목, 세분류를 43항목, 세세분류를 119항목으로 나누었다. 본 서의 수록방법은 주식류, 부식류, 과정류는 중분류를 기준으로 작성하였고, 떡류, 음청류, 주류는 대분류를 기준으로 작성하였다. 다만, 부식류 중 나물류에 한하여 세분류까지 나누어 표기하였다. 표 3에 음식유형별 분류표를 제시하였고, 표 4에 분류에 대한 정의를 나타냈다.

표 3 음식유형별 분류표

대분류	중분류	세분류	세세분류
주식류	밥		쌀밥, 잡곡 및 견과류밥, 채소밥, 해조류밥, 비빔밥, 기타
	죽		쌀죽, 쌀과 기타 곡류 및 견과류를 섞어 쑨 죽, 육류죽, 어패류죽, 채소죽, 약재죽, 기타죽
	미음 · 범벅 · 응이	미음, 범벅, 응이	
	국수 · 수제비	국수, 수제비	
	만 두		
	떡 국		
	기 타		
부식류	국	맑은국	육류, 어패류, 채소류, 해조류, 알류, 기타
		토장국	육류, 어패류, 채소류, 해조류, 기타
		곰국	육류, 어패류, 기타
		냉국	육류, 어패류, 채소류, 기타
	찌개 · 전골	찌개	육류, 어패류, 채소류, 기타
		전골	육류, 어패류, 채소류, 기타
	김 치		배추류, 무류, 기타 엽채류, 기타 근채류, 과채류, 해조류, 기타
	나 물	생채, 숙채, 기타	
	구 이		육류, 어패류, 채소류, 기타
	조림 · 지짐이	조림	육류, 어패류, 채소류, 기타
		지짐이	육류, 어패류, 채소류, 기타
	볶음 · 초		육류, 어패류, 채소류, 해조류, 곡류 및 두류, 기타
	전 · 적	전	육류, 어패류, 채소류, 해조류, 기타
		누름적 (산적)	육류, 어패류, 채소류, 해조류, 기타
	찜 · 선	찜	육류, 어패류, 채소류, 알류, 기타
		선	어패류, 채소류, 기타
	회	생회	육류, 어패류, 해조류, 기타
		숙회	어패류, 채소류, 해조류, 기타
		초회	어패류, 채소류, 해조류, 기타
		무침	어패류, 채소류, 해조류, 기타
		강회	어패류, 채소류, 해조류, 기타
		물회	어패류, 기타
	마른반찬	부각	채소류, 해조류, 기타
		자반	어패류, 해조류, 기타
		튀각	해조류, 기타
		포	육류, 어패류
	순대 · 편육 · 족편	순대, 편육, 족편	
	묵 · 두부	묵, 두부	
	쌈	생쌈, 숙쌈	

대분류	중분류	세분류	세세분류
부식류	장아찌		소금물에 담근 것, 간장에 담근 것, 된장에 담근 것, 고추장에 담근 것, 기타
	젓갈 · 식해	젓갈, 식해	
	장	된장류, 고추장류, 간장류, 기타류	
	식 초		
	기 타		
떡 류	찐 떡		
	친 떡		
	지진 떡		
	삶은 떡(경단류)		
	기 타		
과정류	유밀과		
	유 과		
	다 식		
	정 과		
	과 편		
	숙실과		
	엿강정		
	당(엿)		
	기 타		
음청류	차		
	탕		
	장		
	갈 수		
	숙 수		
	화 채		
	미 수		
	식 혜		
	수정과		
	즙		
	수 단		
	기 타		
주 류	약주 · 탁주		
	증류주		
	기 타		

표 4 음식분류에 대한 정의

대분류	중분류	정 의
주식류	밥	곡물에 물을 약 1.2~1.5배 붓고 가열하여 전분이 호화상태로 되게 만든 음식으로 쌀만을 이용한 밥이 대표적임. 쌀에 잡곡 또는 견과류를 넣어 짓는 잡곡 및 견과류밥, 채소류를 넣어 짓는 채소밥, 해조류를 넣어 짓는 해조류밥, 밥을 지은 후 다양한 식품 재료를 섞는 비빔밥 등으로 구분됨
	죽	쌀, 보리, 조 등에 물을 6~7배 가량 붓고, 오래 끓여서 쌀알의 전분이 완전 호화되게 한 유동식 상태의 음식. 쌀만을 이용한 죽, 쌀에 기타 곡류와 견과류를 섞어 쑨 죽, 육류를 섞어 쑨 죽, 어패류를 섞어 쑨 죽, 채소를 섞어 쑨 죽, 약재를 섞어 쑨 죽 등으로 구분되며 기타 죽으로 유제품을 섞어 쑨 죽 등이 있음
	미음 · 범벅 · 응이	• 미음 : 곡류에 물을 많이 붓고(10배 이상) 푹 고아서 체에 밭쳐 국물만 마시는 유동식 • 범벅 : 옥수수, 호박, 감자 등을 주재료로 하고, 팥이나 콩을 함께 넣어 익혀서 먹거나 또는 곡식가루를 넣어 쑨 음식 • 응이 : 곡물을 갈아서 앙금을 만들어 말려 두었다가 이것을 이용하여 쑨 죽. 주로 오미자나 향미식품 즙액을 섞어서 충분하게 가열하여 걸죽하게 만든 것으로 유동식의 하나임. 의이(薏苡)라고도 함
	국수 · 수제비	• 국수 : 메밀가루, 밀가루, 감자가루 등을 주재료로 하여 반죽한 후 면대를 만들어 가늘게 썰거나, 반죽을 국수틀에 넣어 가늘게 뽑은 후 국물에 말거나 또는 비벼 먹는 음식. 국수의 종류는 재료별로 녹말국수, 메밀국수, 밀국수 등이 있고, 조리법에 따라 국수장국(온면), 냉면, 비빔국수(골동면), 칼국수, 제물국수, 건진국수 등이 있음 • 수제비 : 밀가루 반죽을 국수보다 질게 하여, 맑은장국에 손으로 자연스러운 모양으로 얇고 편편하게 떠 넣어 끓인 것. 장국으로는 고기맑은장국, 멸치맑은장국 등이 쓰이며, 지역에 따라 닭을 고아 끓인 미역국에 넣어 끓이기도 함
	만 두	밀가루, 메밀가루 또는 채소(배추, 동아), 얇게 저민 생선살을 껍질로 하고, 쇠고기, 닭고기, 두부, 숙주 등의 소를 넣고 빚은 음식. 조리법은 삶거나, 찌거나, 지지기도 하고, 끓는 육수나 장국 등에 넣어 끓이기도 함. 만두를 싸는 재료와 소의 재료, 빚는 모양에 따라 구분되어 불림
	떡 국	쌀가루를 쪄서 절구에 친 후 가래를 지은 것을 흰떡이라고 하며, 이것을 타원형으로 어슷하고 얇게 썰어 국물에 넣어 끓인 음식. 예전에는 떡국을 끓일 때 국물 재료로 꿩고기를 사용하였으나, 지금은 쇠고기나 닭고기를 사용하고 지역에 따라 굴, 멸치 등의 해산물을 이용하기도 함. 웃고명으로는 고기 볶은 것, 달걀지단, 파 등을 얹음. 개성 지방에서는 떡을 조랭이떡으로 빚어서 조랭이떡국을 끓임
	기 타	주식류에 포함되지만 위의 어느 중분류에도 속하지 않는 음식
부식류	국	육류, 어패류, 채소류, 해조류 등에 물을 넣어 끓임으로써 국물에 재료의 맛이 우러나도록 조리한 것. 조리방법에 따라 맑은장국, 토장국, 곰국 및 탕, 냉국 등으로 나눌 수 있음 • 맑은장국 : 물이나 양지머리국물(육수)에 맑은 국간장으로 간을 맞추어 여러 가지 건더기를 넣고 끓인 국 • 토장국 : 쌀뜨물에 된장이나 고추장으로 간을 맞추어 여러 가지 건더기를 넣고 끓인 국 • 곰국 : 육류의 여러 부위를 푹 고아서 소금으로 간을 맞춘 국 • 냉국 : 끓여서 차게 식힌 물에 맑은 국간장으로 간을 맞추어 끓이지 않고 날로 먹을 수 있는 건더기를 넣어 차게 해서 먹는 국
	찌개 · 전골	• 찌개 : 일명 조치. 국보다 국물을 적게 끓인 국물음식으로서 건더기와 국물을 반반 정도로 끓이는 음식. 간은 국보다 좀 센 편이고, 간을 맞추는 주재료에 따라 된장찌개, 고추장찌개, 젓국찌개 등으로 나뉨 • 전골 : 육류, 어패류, 채소류 등을 색 맞추어 담고 육수를 부어 즉석에서 끓이는 음식
	김 치	채소류와 해조류를 소금에 절이고 고추, 파, 마늘, 생강 등의 갖은 양념과 젓갈을 넣어 버무려 발효시킨 음식. 김치류는 주재료에 따라 배추, 무, 엽채류, 근채류, 과채류, 해조류 등을 이용한 김치로 분류됨

대분류	중분류	정 의
부식류	나 물	• 생채 : 채소를 날것대로, 혹은 소금에 절여 양념에 무친 것, 무치는 양념에 따라 고춧가루, 간장, 참기름, 다진 파, 마늘, 설탕, 식초 등으로 무친 것, 초간장에 무친 것, 겨자즙에 무친 것, 호두나 실백즙에 무친 것 등으로 나뉨 • 숙채 : 채소를 데쳐서 양념에 무치거나, 식용유에 볶으면서 양념을 한 것으로 나뉨 • 기타 : 생채와 숙채에 속하지 않는 음식으로 육류와 채소 등 여러 가지 재료를 섞어서 만드는 잡채, 탕평채 등의 음식
	구 이	육류, 어패류나 더덕과 같은 식물성 식품 재료에 소금간 또는 갖은 양념을 하여 불에 구운 음식으로 너비아니, 생선구이, 더덕구이 등이 있음
	조림 · 지짐이	• 조림 : 육류, 어패류, 채소류 등의 재료에 간을 약간 세게 하여 재료에 간이 충분히 스며들도록 약한 불에서 오래 익히는 음식. 조림의 간은 주로 간장으로 하나 고등어, 꽁치같이 살이 붉고 비린내가 강한 생선은 간장에 된장, 고추장을 섞어서 조림 • 지짐이 : 지짐이는 찌개와 조림의 중간쯤에 놓일 수 있는 음식으로서 찌개보다는 국물이 적고 조림보다는 국물이 많게 조리한 음식임. 대체로 일반 어패류가 많이 쓰이며, 때로 전을 부친 것에 국물을 조금 넣고 지짐 음식으로 하는 경우도 있음
	볶음 · 초	• 볶음 : 육류, 어패류, 채소류, 해조류, 곡류 및 두류 등을 손질하여 기름에 볶은 음식의 총칭. 볶음음식은 대체로 200℃ 이상의 고온에서 재료를 볶아야 물기가 흐르지 않으며, 기름에만 볶는 것과 볶다가 간장, 설탕 등으로 조미하는 것 등이 있음 • 초 : 볶음음식의 하나로서 전복초, 홍합초와 같이 간장, 설탕, 기름으로 국물이 없게 바싹 조린 음식
	전 · 누름적 (산적)	• 전 : 육류, 어패류, 채소류, 해조류 등의 재료를 다지거나 얇게 저며서 소금, 후춧가루로 간을 하고 밀가루를 바른 다음 달걀을 씌워 양면을 기름에 지진 음식. 전유어, 전유화, 저냐라고도 함 • 누름적(산적) : 육류, 어패류, 채소류, 해조류를 가늘고(1cm 정도), 길게(8~10cm 정도) 잘라서 꼬챙이에 색을 맞추어 꿰어 밀가루를 묻히고 달걀을 풀어 씌워 프라이팬에서 전 부치듯이 지진 음식의 총칭임. 밀가루 갠 것만 묻혀서 부치는 경우도 있고, 간을 소금 대신 장류로 하는 경우도 있음. 일명 누르미라고도 함
	찜 · 선	• 찜 : 재료를 큼직하게 썰어 갖은 양념을 하여 물을 붓고 오랫동안 끓여서 푹 익혀 재료의 맛이 충분히 우러나고 약간의 국물이 어울리도록 한 음식임. 주로 육류와 어패류 등 동물성 식품을 주재료로 하고 채소류, 알류 등을 부재료로 함. 김을 올려서 찌거나 또는 중탕으로 익히기도 하고, 수증기와 관계없이 그냥 즙이 바특하게 남을 정도까지 삶아서 익히는 방법도 있음 • 선 : 오이, 가지, 호박, 두부와 같은 재료에 소를 넣고 살짝 쪄서 초간장에 찍어 먹는 음식
	회	• 생회 : 육류, 어패류, 해조류를 날것으로 먹는 음식으로 재료를 얇게 포 뜨거나 가늘게 썰어 초고추장, 겨자장 또는 소금, 후춧가루에 찍어 먹는 음식 • 숙회 : 어패류, 채소류, 해조류를 살짝 익혀 만든 회음식 • 초회 : 어패류, 채소류, 해조류 등을 식초와 간장(또는 소금)으로 살짝 간을 하여 만든 회음식 • 무침 : 어패류, 채소류, 해조류 등을 고추장이나 양념에 무친 회음식 • 강회 : 회의 재료를 미나리, 실파 등의 가는 채소류로 예쁘게 말아 초고추장에 찍어 먹는 음식 • 물회 : 생선을 날로 잘게 썰어서 파, 마늘, 고춧가루 등의 양념과 함께 버무린 후 물을 부어서 만든 음식
	마른반찬	육류, 어패류, 채소류, 해조류 등을 소금에 절이거나, 또는 장이나 찹쌀풀을 발라 말려 저장해 두었다가 튀기거나 조리거나 무친 밑반찬용의 음식 • 부각 : 채소류와 어패류에 걸쭉하게 쑨 찹쌀풀을 발라 말려 두었다가 기름에 튀긴 음식 • 자반 : 어패류와 해조류를 간이 세게 절여서 저장해 두었다가 이용한 음식 • 튀각 : 주로 해조류 등의 재료에 아무것도 바르지 않고 잘라 끓는 기름에 튀긴 음식 • 포 : 육류와 어패류를 양념하여 얇게 펴서 말린 음식

대분류	중분류	정 의
부식류	순대 · 편육 · 족편	• 순대 : 돼지피와 찹쌀, 데친 숙주, 배추우거지 등을 섞어 갖은 양념을 한 후 돼지 창자 속에 꼭 차게 집어 넣고 실로 양끝을 잡아맨 후 찐 음식 • 편육 : 소의 양지머리, 사태 또는 돼지고기 등을 삶아 익혀서 차게 눌렀다가 얇게 저며 쓰는 고기음식 • 족편 : 쇠머리, 쇠족, 사태육, 양지 등을 푹 고아 석이채, 알고명, 실고추를 뿌려 식혀서 묵처럼 엉기게 한 음식
	묵 · 두부	• 묵 : 메밀, 녹두, 도토리, 칡 등의 전분가루에 물을 넣고 풀 쑤듯 쑤어 식혀서 엉기게 한 음식 • 두부 : 콩을 물에 담갔다가 갈아 그 액을 가열하여 비지를 짜 내고 간수(응고제)를 첨가하여 굳힌 음식
	쌈	채소류와 해조류로 밥과 반찬을 함께 싸서 먹는 음식. 쌈에는 재료를 생으로 쓰는 것(생쌈)과 데쳐서 쓰는 것(숙쌈)으로 나뉨
	장아찌	주로 채소류를 소금물, 간장, 된장, 고추장 속에 넣어 삭혀 만든 음식으로, 각종 육류, 어류도 살짝 익혀 된장, 고추장 속에 넣어 만들기도 함
	젓갈 · 식해	어패류의 염장식품으로 숙성 중 자체 효소에 의한 소화작용과 약간의 발효작용이 있고 반찬음식이나 조미용 식품으로 쓰이고 있음. 젓갈의 담금법으로는 소금에만 절인 것, 소금과 술에 절인 것, 기름이나 천초 등 향미를 섞어서 담근 것, 소금과 누룩에 담근 것, 소금과 엿기름과 찹쌀밥 등을 섞어 담근 것 등으로 크게 나눌 수 있음. 각종 육류를 어패류에 섞어서 담근 어육장도 있음 • 젓갈 : 어패류의 살, 내장, 알 등을 20%의 소금으로 절여 자체 내의 자가분해 효소와 미생물에 의해 발효시킨 음식 • 식해 : 소금에 절인 생선살에 밥(조밥, 쌀밥), 무채, 고춧가루, 기타 양념 등을 함께 섞어 발효시킨 음식
	장	콩으로 메주를 쑤어 띄워 담근 간장, 된장, 고추장이 기본장이며, 이외에 계절에 따라 별미로 담는 속성장이 있음
	식 초	신맛을 갖는 대표적인 조미료로 곡물이나 과일을 초산 발효시켜 만든 음식
	기 타	부식류에 포함되지만 위의 어느 중분류에도 속하지 않는 음식
떡 류	찐 떡	일명 시루떡으로 곡물가루와 고명을 시루에 켜켜로 안쳐 쪄서 만드는 떡
	친 떡	곡물로 밥을 짓거나, 곡물가루를 시루에 찐 다음, 절구에 놓고 쳐서 만드는 떡
	지진 떡	곡물가루를 반죽하여 모양을 만들어 프라이팬에서 기름으로 지지는 떡
	삶은 떡	경단류로 곡물가루를 반죽하여 모양을 만들어 삶아 건져 고물을 묻히는 떡
	기 타	떡류에 포함되지만 위의 어느 중분류에도 속하지 않는 음식
과정류	유밀과	밀가루에 꿀, 기름을 넣고 반죽한 것으로 모양을 만들어 기름에 튀겨 낸 다음 즙청한 음식
	유 과	찹쌀가루에 콩물 또는 술을 넣어 반죽하여 쪄 낸 것을 꽈리지게 치댄 후 얇게 밀어 말렸다가 기름에 튀겨 내어 당액과 고물을 묻힌 음식
	다 식	곡물가루, 약재가루, 견과류, 종실류, 꽃가루 등을 꿀에 반죽하여 다식판에 찍어 낸 음식
	정 과	식물의 뿌리, 줄기, 열매 등을 통째로 또는 썰어서 날것 그대로 삶아서 꿀이나 설탕에 졸인 음식
	과 편	신맛이 나는 과일의 즙을 내어 설탕을 넣고 졸이다가 녹말을 넣어 엉기도록 하여 그릇에 쏟아 식힌 다음 편으로 썬 음식
	숙실과	과일이나 식물의 뿌리를 익혀서 다지거나, 익혀서 가루 내어 꿀을 넣고 반죽하여 다시 원래의 모양으로 빚어서 잣가루를 묻힌 것을 난(卵)이라 함. 또한 과일의 모양 그대로를 꿀에 졸여 계핏가루와 잣가루를 묻힌 것을 초(炒)라 함

대분류	중분류	정 의
과정류	엿강정	엿물이나 조청, 꿀, 설탕시럽에 콩이나 깨, 또는 견과류를 넣고 섞어서 반대기를 지어 편으로 썬 음식
	당(엿)	쌀, 찹쌀, 수수, 고구마 등 전분식품에 엿기름을 섞어 당화시켜 졸인 음식
	기 타	과정류에 포함되지만 위의 어느 중분류에도 속하지 않는 음식
음청류	차	각종 약재, 과일, 찻잎 등의 재료들을 가루 내거나 말려서, 또는 얇게 썰어 꿀이나 설탕에 재웠다가 끓는 물에 타거나 직접 물에 넣어서 끓여 마시는 음료
	탕	꽃이나 과일 말린 것을 물에 담그거나 끓여 마시는 것과 한약재를 가루 내어 끓이거나 오랫동안 졸였다가 고를 만들어 저장해 두고 타서 마시는 음료
	장	향약, 과실 등을 꿀, 설탕, 녹말을 푼 물에 침지하여 숙성시켜서 약간 시게 하여 마시는 음료
	갈 수	농축된 과일즙에 한약재를 가루 내어 혼합하여 달이거나 한약재에 곡물, 누룩 등을 넣어 꿀과 함께 달여 마시는 음료
	숙 수	향약을 물에 넣어 달여 꿀에 타서 마시는 것으로 조선시대부터는 숭늉을 숙수라 함
	화 채	과일과 꽃을 여러 형태로 썰어서 꿀이나 설탕에 재우거나 그대로 오미자국물이나 설탕물, 꿀물에 띄워 마시는 음료
	미 수	여러 종류의 곡류를 쪄서 볶은 후 곱게 가루 내어 냉수나 꿀물 또는 설탕물에 타서 마시는 음료
	식 혜	엿기름가루를 우려 낸 물에 밥(찹쌀밥 또는 멥쌀밥)을 넣어 일정한 온도와 시간 동안 삭혀서 만든 음료
	수정과	생강과 계피 등을 달인 물에 단맛을 내도록 꿀이나 설탕을 넣고 곶감을 넣은 음료
	즙	과일, 채소, 한약을 잘게 썰어서 즙을 낸 음료
	수 단	곡물을 그대로 삶거나 또는 가루 내어 흰떡 모양으로 빚어서 썬 다음 전분을 묻혀 삶아 내고 꿀물에 타거나 띄워서 마시는 음료
	기 타	음청류에 포함되지만 위의 어느 중분류에도 속하지 않는 음식
주 류	약주 · 탁주	곡물을 주재료로 하고 초근목피과실(草根木皮果實) 등의 부재료를 첨가하여 발효시켜 알코올 성분이 있게 만든 음료. 용수를 박아 맑은 술을 떠 낸 것을 약주, 맑은 술을 떠내지 않고 그대로 걸러 짠 술을 탁주라 함
	증류주	곡류와 초근목피과실(草根木皮果實) 등으로 발효시킨 술을 다시 증류하여 알코올 성분을 많이 함유하게 한 술(소주 등)
	기 타	주류에 포함되지만 위의 어느 중분류에도 속하지 않는 음식

4. 전통향토음식 자료의 표준화

【음식명 표기】

① 표준어와 방언 중복 기록 : 표준어명(방언명)

② 조리법이 유사하나 다른 음식명이 기록된 경우

예) 매생이탕 – 매생이국은 매생이국(매생이탕)으로 표기하고 통합 정리

감자밥 - 통감자밥은 감자밥으로 통합하고 감자밥에서 통감자밥 언급

③ 음식명이 같으나 조리법이 다른 경우
예) 매생이국 '방법 1', '방법 2' 등으로 표기

④ 나물, 생선 등을 이용한 음식의 표기
- 산나물밥, 나물무침 : 음식명에 산나물밥을 표기하고 참고사항에 "사용할 수 있는 산나물은 고사리, 취나물 등이 있다"로 설명함
- 나물명을 표기 가능한 것은 참나물, 고사리나물 등으로 정확히 표기
- 매운탕, 생선매운탕 : 어종을 표기하든가, 하단에 민어, 우럭 등을 사용한다고 설명

⑤ 곤지암소머리국밥, 백암순대 등 지명이 붙은 음식명 그대로 표기 : 지명이 붙은 음식은 '참고사항'에 그 음식의 유래 설명

【재료의 분량 표기】

① 가능한 한 기본 4인분, 부식류 중 김치, 장아찌, 젓갈 · 식해, 장, 떡류, 과정류, 주류 등 일반적으로 대량 조리하는 음식은 대량 조리가 가능한 분량으로 표기하였음
- CGS 단위를 사용하되 소비자가 알기 쉽도록 개, 컵 등 중복 표현
  예) 대파 20g(1뿌리), 감자 100g(1개)
- 주 · 부재료는 CGS 단위, 양념류는 컵, 큰술, 작은술 사용

② 재료 표기 순서 : 주재료, 부재료, 양념순으로 하고 필요시 양념장의 재료는 별도 표기

※ 실험조리 및 현지 조리법을 재현한 품목 이외의 일부 음식에 대한 재료의 분량은 표기가 불가능하였음

【재료, 만드는 방법 표기】

① 작성방법 : 기준서를 따라 작성하되 세부사항은 전문가 위원회에서 검토

※ 기준서 : 신승미 외, 한국 전통음식 전문가들이 재현한 우리 고유의 상차림, 교문사, 2005

② 재료 및 만드는 법 등을 표준어로 표기 : 방언(사투리)은 '참고사항' 부분에 별도 기록

③ 조리과정을 과학적으로 설명하기 위해 ( ) 안에 세부 설명을 제시 : 송송 썰기(0.5cm 길이), 납작썰기(2×1×0.3cm) 등

【출처 및 정보제공자 표기】

① 책자 : 저자, 서명, 출판사, 발행년도(발행년도의 오름차순으로 입력)

② 논문 : 저자, 논문제목, 학회지명, 권호, 연도(발행년도의 오름차순으로 입력)

③ 정보제공자 및 조리시연자 : 이름, 주소, 주소의 경우 동 또는 리까지만 표기, 이하의 주소 및 전화번호 삭제(이름의 가나다순으로 입력)

【조리방법 설정】

① 현지조사 및 조리법 재현 자료
② 농촌진흥청 농업과학기술원 농촌자원개발연구소의 조리 실험에 의한 조리방법 : 농촌 식생활 향상을 위한 식생활 평가 시스템 개발연구 보고서(농촌진흥청, 2000)
③ 『소비자가 알기 쉬운 식품영양가표』 인용(농촌진흥청 농촌생활연구소(현 농촌자원개발연구소), 2002)
④ 참고문헌에 의한 설정(출처 반드시 기록)
⑤ 식품교환표(한국영양학회, 2000), 『사진으로 보는 음식의 눈대중량』(대한영양사협회 · 삼성서울병원, 1999) 참고한 조리방법 설정
⑥ 조리방법 설정이 불가능할 경우 재료명만 쓰기

표 5 재료, 만드는 법 용어 표기방법

	일반적 표기법	통일된 표기법
분량 및 기구	C	컵
	Ts, T	큰술
	ts, t	작은술
	번철, 후라이팬, 프라이팬	팬
	남비	냄비
	1과 ½컵, 1 1/2컵	1½컵
	되, 말, 홉, 짝	g, mL(컵)
재 료	건고추	마른고추
	검정콩, 흑태	검은콩
	계란	달걀
	계피가루, 계피	계핏가루, 통계피
	고추 가루, 고추가루	고춧가루
	꼬지, 꼬챙이	꼬치
	녹말가루	전분
	다대기	다진 양념
	다시물, 맛국물, 고기국물	장국국물, 육수
	돈육	돼지고기
	들깻잎	깻잎
	메주가루	메줏가루
	면보, 베보자기	면포
	무우	무
	밥물	밥짓는 물
	소고기	쇠고기
	양념용 깨	깨소금, 통깨
	양념으로 사용하는 마늘, 파, 생강	다진 마늘, 다진 파, 다진 생강
	양념이 아닌 마늘	마늘, 통마늘

	일반적 표기법	통일된 표기법
재 료	양조간장, 진간장, 왜간장, 간장	간장
	청장, 집간장, 조선간장	국간장
	적당량, 적정량	적량
	조금, 소량	약간
	집청액, 시럽	즙청액
	청고추	풋고추
	콩기름, 기름, 튀김기름	식용유
	파	대파, 쪽파, 실파
	표고, 마른 표고버섯	표고버섯, 건표고버섯
	호박	애호박, 단호박, 늙은 호박
	홍고추	붉은 고추
	황율	황률(말린 밤)
	황 · 백지단, 황백색지단	황백지단
	후추	후춧가루, 통후추
만드는 법	파, 마늘, 풋고추, 생강 다지는 과정은 문장에서 삭제	재료에 다진 파, 다진 마늘 등으로 표기
	~을 곁들여 낸다. ~을 담아 낸다.	곁들인다.
	~을 졸인다.	~을 조린다.
	서술형으로 표현된 것	1, 2, 3 등으로 간결하게 표현

표 6 썰기 표현의 표기방법

썰기방법			규격(길이×폭×두께)	이용되는 음식
깎 기	돌려 깎기		5cm 길이	호박, 오이 등
	둥글려 깎기		밤톨 크기	감자, 당근, 무 등
썰 기	채 썰기	아주 가는 채	5×0.1×0.1cm	구절판 등
		가는 채	5×0.2×0.2cm	무생채, 도라지생채 등
		굵은 채	5×0.3×0.3cm	잡채 등
	나박썰기		2.5×2.5×0.2(0.3)cm	나박김치, 무국 등
	깍둑썰기		사방 2cm	깍두기 등
	직사각형 썰기		5×1×0.3cm	겨자채, 무숙장아찌 등
	마름모 모양 썰기		폭 2cm	지단, 미나리초대 등
	원형썰기		0.2~0.3cm	오이생채 등
	반달썰기		0.4~0.5cm	된장찌개, 생선찌개의 부재료 등
	은행잎 모양 썰기		재료를 십자로 4등분	조림음식 등의 고명
	어슷썰기		0.3cm	대파, 고추 등
	편 썰기		0.2~0.3cm	홍합초의 생강 등
다지기	다지기		사방 0.1cm	마늘, 파 양념 다지기 등
	굵게 다지기		사방 0.2~0.3cm	고추, 파 등

자료 : 홍진숙 외, 기초한국음식, 교문사, 2007

5. 전통향토음식의 지역성 검증

1999~2005년까지 농촌자원개발연구소에서 조사 · 발굴한 전국 9개도 1만 4,308종의 음식자료의 지역성 검증 및 『한국의 전통향토음식』 발간을 위한 전문가위원회를 구성하였다. 전문가위원 중 지역성 검증을 위한 지역별 전문가 5명을 별도로 선정하였는데, 경기 지역의 검증위원에 손정우 교수(배화여자대학), 강원 지역의 검증위원에 윤덕인 교수(관동대학교), 충청 지역의 검증위원에 신승미 교수(청운대학교), 경상 지역의 검증위원에 김상애 교수(신라대학교), 전라 및 제주 지역의 검증위원에 서혜경 교수(전주대학교)로 구성하였다. 지역성 검증을 위한 전문가는 우리나라 전통음식 또는 향토음식에 조예가 깊고 조리 또는 향토음식과 관련하여 연구실적을 발표해 온 교수들로 선정하였다. 2006~2007년까지 6차례의 전문가협의회를 통하여 각 지역별 전통향토음식의 지역성 검증에 관한 절차와 방법을 논의하였고, 이를 바탕으로 해당 지역 지역성 검증위원이 해당 지역의 음식인지 여부를 검토하였다.

전문가협의회를 통해 지역성 검증을 위한 지역 구분은 행정구역상 구분을 따르기로 결정하였고, 그에 따라 검증 지역을 서울 · 인천 · 경기 지역, 강원 지역, 충북 지역, 대전 · 충남 지역, 전북 지역, 광주 · 전남 지역 , 대구 · 경북 지역, 부산 · 울산 · 경남 지역, 제주 지역 등 9개 지역으로 나누었다. 조사 · 발굴된 전통향토음식 중 각 지역음식에 포함될 음식의 1차적 기준을 설정하였다. 음식명이 우리나라 고유 언어로 불린 음식으로 한정하여 카레나 케첩 등은 제외하였고 조리법에서도 우리나라 고유의 조리법을 활용한 음식으로 한정하였다. 식품재료 사용에서도 우리나라에서 1970년 이전(수입농산물이 급격히 증가하기 전)에 사용해 온 것으로 한정하여 현대에 이르러 새롭게 식품재료로 활용되고 있는 흑미 등으로 조리된 음식은 제외하였다. 또한 전체적으로 '재료', '조리법', '음식명' 에서 우리 고유의 음식 특색이 없는 것은 제외하였다. 지역성 검증 작업을 진행하면서 몇 번의 협의와 수정을 거쳐 최종적으로 지역성 검증 기준을 다음과 같이 마련하였다.

첫째, 해당 지역의 특산물을 이용한 음식이어야 한다. 여기서 '해당 지역의 특산물' 이라 함은 그 지역에서 최소한 1970년대 이전부터 많이 재배되어 오는 농수산물을 말하며, 최근에 이르러 많이 재배되거나 전략적인 특산물로 홍보되는 작물은 제외하였다.

둘째, 해당 지역의 독특한 조리법에 의하여 만들어진 음식이어야 한다. '미역국' 이라도 다른 지역과 차별되는 그 지역만의 독특한 조리법이나 재료를 사용하면 그 지역의 음식으로 간주하였다.

셋째, 그 지역 주민이 선호하는 음식이어야 한다. 오래 전부터 그 지역 주민들이 즐겨 먹어 온 음식이어야 하고, 예전에는 먹지 않았으나 교통 · 통신수단의 발달로 타 지역에서 유입된 후 현대에 이르러 많이 먹는 음식은 제외하였다.

넷째, 그 지역의 환경과 관련성을 가진 음식이어야 한다. 그 지역의 독특한 자연환경, 생활상, 문화 등과 관련성이 있는 음식은 지역음식으로 간주하였다.

다섯째, 학술지나 고문헌, 각 지역에서 발간된 향토음식 관련 책자 등에서 그 지역음식으로 검증된 음식이어야 한다. 학술지나 고문헌, 향토음식 관련 책자 등에서 학술적으로 검증된 자료를 인용할 경우 반드시 문헌명과 출처를 제시하여야 한다.

이와 같이 다섯 가지로 지역성 검증 기준을 마련하였고, 이 다섯 가지 중 어느 한 조건이라도 만족하는 경우 그 지역의 음식으로 간주하였다. 이러한 검증 작업의 결과 최초의 조사 · 발굴된 1만 4,308종의 음식자료에서 최종적으로 3,300여 종의 음식이 지역음식으로 선정되었다.

6. 고문헌을 통한 역사성 검증

본 서에 실린 상용음식의 역사성 검증은 장혜진 · 이효지 연구(1989)의 고문헌 고찰방법을 채택하였다. 고문헌 고찰을 하기 위해서는 가장 먼저 고찰할 문헌들을 결정해야 하므로 문헌 선택을 위한 몇 가지 기준을 정하였다. 첫째, 조선시대 이후에 출간된 조리서나 식품에 관련된 문헌을 대상으로 하였다. 쉴즈(Shils, 1981)에 의하면 어떤 신념이나 행위모형이 '전통' 이 되기 위해서는 적어도 2번의 전승과 3세대의 간격이 필요하다고 하였다. 여기서 2번의 전승과 3세대의 간격이란 최소한 100년 동안의 전승이 있어야 한다는 의미이며, 조선시대의 고조리서에 등장한 음식이라면 이러한 100년 전승의 조건을 충분히 만족하는 것으로 판단하였다. 또한 조선시대는 농경을 중시하여 곡식과 채소의 생산이 늘어났고 그에 따라 식생활 문화가 발달하여 반가에서 음식 만드는 조리서들이 쓰여지기 시작하였다. 따라서 조선시대에 등장한 고조리서 고찰은 본 책자에 실린 음식들의 역사성을 검증하는 작업에 충분한 것으로 사료된다.

문헌을 선정하는 두 번째 기준으로 작업의 편이성을 위하여 한글 번역이 되어 있는 고조리서로 선정하였다. 만약 한글 번역이 되어 있지 않았는데, 내용상 고찰이 필요한 고조리서의 경우에는 그 고조리서를 분석한 학술논문 고찰로 대신하였다. 『도문대작』, 『주방문』, 『음식법』, 『부인필지』 등이 이에 해당한다.

세 번째로 조선 전기부터 일제시대까지 전체를 아우를 수 있게 약 50~100년 간격으로 문헌이 출간된 시점을 고려하였다. 역사성 검증을 위해 선정된 문헌은 표 7에, 학술논문은 표 8에 정리하였다. 선정된 각 문헌의 내용과 특징을 간략히 살펴보면 다음과 같다.

산가요록(山家要錄)

1449년 전순의가 지은 종합농서로서 식품 부분에 있어서는 우리나라에서 가장 오래된 최초의 식품서적으로서의 가치가 있다. 책의 내용은 양잠, 종상(種桑), 과수, 죽목(竹木), 채소, 염료작물, 가축 등의 농업 부분과 주류, 장류, 식초류, 침채류, 과일 · 채소류 저장, 어육류 저장, 동절양채, 죽류, 병과류, 국수 · 만두류, 과정류, 좌반류, 식해류, 기타 조리법 등의 식품 부분으로 나누어 만드는 법을 설명하고 있으며 이와 함께 옷 만들기 길한 날과 여러 가지 염색방법에 대해서도 기록하고 있다. 식품 부분은 중국농서를 참고하지 않아 그 시대의 전통적인 한국 고유의 식품을 기록하였다고 생각되고, 식품 부분이 180항목 내외로 그 내용이 다양하고 풍부한 특징이 있다.

표 7 역사성 검증을 위해 선정된 문헌

문 헌	원저자	원저 발행년도	역 자	발행처	발행년도
산가요록(고농서 국역총서 8)	전순의	1449	농촌진흥청	농촌진흥청	2004
식료찬요(고농서 국역총서 9)	전순의	1460	농촌진흥청	농촌진흥청	2004
수운잡방 · 주찬	김수	1500년대	윤숙경 역	신광출판사	1998
도문대작[1)]	허균	1611			
지봉유설	이수광	1614	남만성 옮김	을유문화사	1980
음식디미방(경북대학교 고전총서 10)	석계부인, 안동 장씨	1670년경	경북대학교 출판부	경북대학교 출판부	2003
주방문[1)]	하생원	1600년대 말엽			
산림경제 2권(고전국역총서)	홍만선	1715	민족문화추진회	민문고	1967
증보산림경제	유중림	1765	윤숙자 역	지구문화사	2005
규합총서	빙허각 이씨	1815	정양완	보진재	1999
음식법[1)]	미상	1854(추정)			
시의전서	미상	1800년대 말엽	이효지 외	신광출판사	2004
부인필지[1)]	미상	1915			
조선무쌍신식요리제법	이용기	1924	옛음식연구회	궁중음식연구원	2001
조선요리제법	방신영	1942		한성도서주식회사	1942

주 : 1)의 고문헌들은 한글로 번역된 문헌을 찾을 수 없어 문헌들을 분석한 학술논문을 참고로 하였다. 참고한 학술논문은 표 8에 제시하였다.

식료찬요(食療纂要)

1460년 의관을 지낸 전순의가 지은 의서로서 현존하는 고서 중 최고의 식이요법서이다. 병을 치료하는 데 식품으로 치료하는 것을 우선해야 함을 강조하여 식이요법의 중요성과 실용적인 조문만 뽑아 간편하게 찾도록 구성하였다.

수운잡방(需雲雜方) · 주찬(酒饌)

김수가 지은 1500년대 조리서로서 고려 말에서 조선 전기의 음식 조리법과 안동 사림계층의 식생활을 엿볼 수 있는 특징이 있다. 그 내용은 술 빚는 법, 장류, 김치, 식초류, 채소 저장법, 과일 저장법, 조과 만들기, 타락, 엿 만들기 등이 포함되어 있으며 우리나라에 고추가 유입되기 전의 조리서이기 때문에 고춧가루를 넣지 않은 김치가 기록된 문헌이다.

도문대작(屠門大嚼)

1611년 허균이 바닷가에 귀양가서 거친 음식만 먹게 되자 견딜 수 없어 전에 먹어 보았던 음식을 떠올리며 기록하면서 자신이 도살장문(屠門)을 바라보고 그게 씹는(大嚼) 것과 같다고 하여 붙여진 이름이다. 그 내용은 식품을 분류하여 식품의 특징과 명산지를 기록하고 떡과 한과류를 중심으로 서울의 음식을 소개하였다. 이를 통하여 광해군시대의 식품재료와 각종 음식을 한눈에 볼 수 있다는 것과 다른 조리서들과 비교하였을 때 지역성을 알 수 있다는 점이 특징이다.

표 8 역사성 검증을 위해 선정된 학술논문

저 자	논문제목	학술지	연 도
이효지	『규곤시의방』의 조리학적 고찰	대한가정학회지, 19(2)	1981
이효지	『규합총서』, 『주식의』의 조리과학적 고찰	한양대학교 사대논문집	1981
김귀영 · 이성우	『주방문의』 조리에 관한 분석적 연구	한국식생활문화학회지, 1(4)	1986
이광자	우리나라 문서에 기록된 찬물류의 분석적 고찰	한양대학교 교육대학원 석사학위논문	1986
이효지	조선시대의 떡문화	한국조리과학회지, 4(2)	1988
장혜진 · 이효지	주식류의 문헌적 고찰	한국식생활문화학회지, 4(3)	1989
윤서석	한국의 국수문화의 역사	한국식생활문화학회지, 6(1)	1991
윤서석 · 조후종	조선시대 후기의 조리서인 『음식법』의 해설 1	한국식생활문화학회지, 8(1)	1993
	조선시대 후기의 조리서인 『음식법』의 해설 2	한국식생활문화학회지, 8(2)	1993
	조선시대 후기의 조리서인 『음식법』의 해설 3	한국식생활문화학회지, 8(3)	1993
이효지 · 차경희	부인필지의 조리과학적 고찰	한국식생활문화학회지, 11(3)	1996
김기숙 · 백승희 · 구선희 · 조영주	『음식디미방』에 수록된 채소 및 과일류의 저장법과 조리법에 관한 고찰	중앙대학교 생활과학논집 12권	1999
김기숙 · 이미정 · 강은아 · 최애진	『음식디미방』에 수록된 면병류와 한과류의 조리법에 관한 고찰	중앙대학교 생활과학논집 12권	1999
이은욱	조선 후기 식기 및 음식의 특색과 변화	이화여자대학교 석사학위논문	2002
김미희 · 유명님 · 최배영 · 안현숙	『규합총서』에 나타난 농산물 이용 고찰	한국가정관리학회지, 21(1)	2003
차경희	『도문대작』을 통해 본 조선 중기 지역별 산출 식품과 향토음식	한국식생활문화학회지, 18(4)	2003
김희선	어업기술의 발전 측면에서 본 『음식디미방』과 『규합총서』 속의 어패류 이용 양상의 비교 연구	한국식생활문화학회지, 19(3)	2004

지봉유설(芝峰類說)

1614년 이수광에 의해 편찬되었고 3,435조목을 25부문 182항목으로 나누어 설명하고 반드시 그 출처를 밝혔으며 실학사상에 입각하여 서구 문명을 소개한 것이 특징이다. 25부는 천문 · 시령(時令) · 재이(災異) · 지리 · 제국(諸國) · 군도(君道) · 병정(兵政) · 관직 · 유도(儒道) · 경서(經書) · 문자 · 문장 · 인물 · 성행(性行) · 신형(身形) · 어언(語言) · 인사(人事) · 잡사(雜事) · 기예(技藝) · 외도(外道) · 궁실 · 복용(服用) · 식물(食物) · 훼목(卉木) · 금충(禽蟲)으로 음식에 대한 설명은 식물부(食物部)에 기록되어 있다.

음식디미방(규곤시의방, 閨壼是議方)

1670년경 안동 장씨의 친정집과 시댁의 음식법을 수록한 책이다. 이 책의 명칭은 두 가지로서 한 가지는 『음식디미방』으로 본문의 첫머리에 표기된 권두서명이고, 또 하나는 『규곤시의방(閨壼是議方)』으로 겉표지에 쓰인 서명이다. 예로부터 전해져 오는 음식과 스스로 개발한 음식에 대하여 면병류 18종, 어육류 42종, 과채류 19종, 주류 및 초류 54종을 수록하였고, '맛질방문' 에 면병류 9종, 어육류 4종을 포함하여 총 146개항에 달하는 음식조리법을 서술하였다. 이

책의 특징은 후손에게 전통적인 조리법을 전해 주려고 한 것으로서 여성이 기록한 옛 조리서라는 것과 최초의 한글 조리서라는 데 의의가 있다.

주방문(酒方文)

1600년대 말 하씨 성을 가진 생원에 의해 지어진 것으로 알려져 있다. 술과 관련된 항목 28종과 음식과 관련된 항목 50종을 포함하여 총 78종에 대한 조리와 가공법을 한글로 설명하고 있다.

산림경제(山林經濟)

1715년 홍만선이 백성들을 위하여 편찬한 책으로 일상생활에 필요한 여러 가지 문제를 체계적으로 분류한 것이 특징이다. 당시의 중국 서적과 우리나라 서적을 참고하여 농촌 가정에서 알아야 할 것을 기록하였고, 각 조목마다 인용서목을 적어 넣어 학문적 가치가 큰 책이다.

증보산림경제(增補山林經濟)

1766년 유중림에 의해 편찬된 한문 필사본으로 산림경제를 검토하여 토속성이 없는 것은 제외하거나 보충하여 그 내용을 방대하게 늘린 특징이 있다.

규합총서(閨閤叢書)

1815년경 빙허각 이씨에 의해 편찬된 것으로 산림경제, 고사신서, 해동농서를 참고하여 [주식의(酒食議)], [봉임측(縫紝則)], [산가락(山家樂)], [청낭결(靑囊訣)]로 구분하여 내용을 구성하였으며 전통적인 의식주에 대하여 설명한 가정백과의 성격을 띠고 있다. [주식의(酒食議)]는 장 만들기, 술 빚기, 밥, 떡, 과즐 등의 내용을 설명하고 있고, [봉임측(縫紝則)]은 재봉, 염색, 방직, 자수, 양잠, 그릇과 등잔관리 등에 대한 내용을 포함하며, [산가락(山家樂)]은 밭일, 꽃재배, 가축 기르기에 대한 내용을 담고 있다. [청낭결(靑囊訣)]은 태교, 아이 기르기, 구급법 등에 대하여 설명하고, 끝으로 『술주략』은 집과 여러 환난에 대처하는 방법 등을 기록하고 있다. 이는 우리나라 여성이 우리의 기후와 풍토에 맞는 실용적인 지혜를 바탕으로 저술한 책으로서 의의가 있다.

음식법(찬법, 饌法)

조선 후기 갑인년(1854년으로 추측)에 어느 가정에서 혼인하는 딸에게 내려 준 조리서로 알려져 있다. 책의 내용은 음식명이 기록된 127종과 음식명 없이 내용만 기록된 14종을 포함하여 총 141종의 음식과 제과유독, 제체유독, 음식 금기에 대한 내용이 포함되어 있다. 찬합음식의 종류와 담는 방법이 자세히 기록되고, 음식 규범에 대한 언급이 수록되어 있는 것이 특징이다.

시의전서(是議全書)

1800년대 말 작자미상의 책으로 422종의 음식이 상권과 하권으로 나누어 설명되고 있다. 또한 5첩 반상, 7첩 반상, 9첩 반상, 신선로상, 입매상, 술상, 곁상의 반배도가 그려져 있고, 조리법의 분류가 잘 되어 있다. 또한 그 시대의 전통식품을 한눈에 볼 수 있다는 것과 제물부(祭物部)를 독립시켜 당시 제사를 중요하게 생각했다는 것을 알 수 있는 특징이 있다.

부인필지(夫人必知)

빙허각 이씨의 규합총서에서 가정생활에 필요한 내용을 추려 1915년에 편찬한 것으로 115종의 음식이 수록되어 있다. 그 외에도 과채수장법, 제과독, 제유수취법, 의복, 길쌈, 좀 못 먹게 하는 법, 수 놓는 법, 사물, 물류 상감 등이 기록되어 있다.

조선무쌍신식요리제법(朝鮮無雙新式料理製法)

『임원십육지』의 [정조지]를 한글로 번역하고 신식요리를 곁들여 1924년에 이용기에 의해 편찬된 책이다. 손님 접대하는 법, 상 차리는 법, 상극이 되는 음식물, 아이 밴 이가 못 먹는 것, 우유 먹는 법 등이 수록되어 있고 서양요리, 중국요리, 일본요리 만드는 법 또한 수록되어 있다. 또한 밥, 장, 고추장, 된장, 초, 술, 소주, 국, 창국, 누룩, 김치, 장아찌, 떡, 국수, 만두, 전유어, 나물, 생채, 지지미, 찌개, 찜, 적, 구이, 회, 편육, 어채, 백숙, 묵, 선, 포, 마른 식품, 자반, 볶음, 조림, 무침, 쌈, 젓갈, 죽, 미음, 웅이, 암죽, 차, 기름, 청량음료, 타락, 두부, 화채, 숙실과, 유밀과, 다식, 편, 당전과, 정과, 점과, 강정, 미시, 엿 등의 종류와 만드는 법에 대하여 설명하고 잡록 11종과 부록 22종에 대한 조리법과 양념, 각색가루, 소금 만드는 법에 대해서도 기록되어 있다.

조선요리제법(朝鮮料理製法)

방신영에 의해 편찬된 책으로 한국요리의 모체로 인정받고 있으며 1913년, 1917년, 1942년, 1954년에 판을 거듭하여 개정하였다. 1942년도 증보 개정판의 내용은 기명, 식물, 수육, 어육에 대한 해석과 음식 저장법, 남은 음식 · 상한 음식 · 해독 등에 대한 주의할 사항을 기록하였다. 또한 양념류, 분말제조법, 기름, 소금, 당류, 초, 장, 젓, 김치(김장김치), 김치(보통 때 김치), 찬국, 장아찌, 조림, 찌개, 지짐이, 찜, 볶음, 무침, 나물, 생채, 전유어, 구이, 자반, 적, 편육, 포, 마른 식품, 회, 어채, 쌈, 묵, 잡록, 떡국, 만두, 국수, 편, 정과, 강정, 엿강정, 숙실과, 다식, 유밀과, 화채, 차 다리는 법, 죽류, 국, 숩, 밥, 떡 등의 종류와 조리법에 대하여 설명하였다. 그 외에도 각 절기의 잔치, 상 차리는 법, 어린아이 젖먹이는 법이 기록되어 있다.

위의 문헌들에 대한 구체적인 고찰방법은 첫 단계로, 고문헌에서 나타난 음식명과 본 책자에 실린 상용음식의 음식명이 일치하는 음식을 찾았다. 음식명이 일치하는 경우 그 음식에 대한 현재의 조리법 및 식품재료와 고문헌에서 나타난 조리법과 식품재료가 일치하는지를 확인하였다. 두 번째로 고문헌에서 나타난 음식명과 일치하는 음식명이 없는 경우 조리법과 식품재료에 대한 비교 작업을 수행하였다. 음식명이 일치하지 않더라도 조리법과 식품재료의 비교에서 고문헌에 의한 방법과 현대의 방법이 유사하다면 그 음식의 역사성은 검증되는 것으로 판단하였다. 모든 음식의 검증자료는 엑셀 데이터베이스(DB)화하였고, 그 방법은 그림 1과 같다.

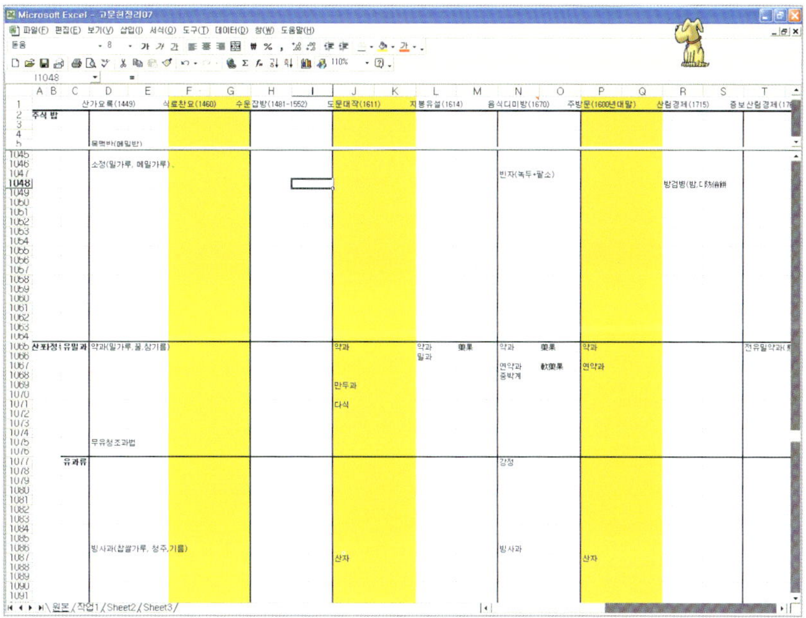

고서	산가요록	식료찬요	수운잡방, 수잔	도문대작	지봉유설	음식디미방	주방문	산림경제	증보산림경제	규합총서	음식법	시의전서	부인필지	조선요리제법	조선무쌍신식요리제법
약과	1	1	1	1	1			1		1	1	1			1

그림 1 엑셀 프로그램에 의한 음식명 일치 검색 예시

全羅北道

제2부

전라북도

전통향토음식

제1장 전라북도의 전통향토음식 발달 배경과 특징

제2장 전라북도의 전통향토음식 종류와 만드는 방법

제1장

전라북도의 전통향토음식 발달 배경과 특징

제1장

전라북도의 전통향토음식 발달 배경과 특징

서혜경 전주대학교 교수

전라북도는 한반도의 남서부에 위치하여 동쪽은 소백산맥의 주능선, 서쪽은 서해, 남쪽은 노령산맥의 말단부, 북서쪽은 금강의 하구로 구획된다.

전라북도는 우리나라 최대의 농경지인 호남평야와 조기잡이 철의 칠산어장으로 유명한 서해의 부안 앞바다, 그리고 내장산, 덕유산, 지리산 등 높고 아름다운 산들을 지니고 있다. 또한 우리나라 쌀 생산의 16%를 차지하는 농경문화의 중심지이자 수산업에서도 중요한 지역이며, 산간 지방의 인삼 및 도라지, 오미자 등 특용작물 생산지로도 빼놓을 수 없는 지역이다.

전주를 중심으로 한 전라북도 지방은 맛의 고장으로도 유명한 곳이다. 그러나 전라북도를 자세히 보면 동쪽은 높은 산들이 있는 산악지대이고 서쪽은 넓은 평야를 가진 평야지대이다. 음식은 자연환경의 영향을 많이 받으므로 동쪽과 서쪽의 차이가 있다. 따라서 동쪽과 서쪽의 산물도 다르고 음식을 만드는 법도 다소 다르다고 할 수 있다. 지금은 교통이 편리해져서 아무리 오지라고 해도 전주에서 2시간 이내에 갈 수가 있으며, 텔레비전이나 인터넷의 보급으로 음식도 점점 획일화되고 있다.

그림 1 전라북도

다음은 전라북도의 음식을 유형별로 구분하여 그 특징을 동부 산악 지방과 서부 평야 지방으로 나누어 그 특징을 간략히 소개하겠다.

1. 주식류

【밥 · 죽 · 국수 · 떡국】

전라북도는 호남평야라는 큰 평야를 가지고 있어서 쌀이 풍부하리라고 생각하지만 동부 산악 지대는 논과 밭 등의 경작지가 적어 곡물이 귀했다.

전주에서 주로 먹었던 주식 중에서 가장 흔히 먹는 밥은 쌀밥이었으며, 그 외에 고구마밥, 메조밥, 무밥, 밤밥, 보리밥, 비빔밥, 산도(밭벼)밥, 쑥밥, 약밥, 오곡밥, 잡곡밥, 장국밥, 찰밥, 콩나물국밥, 콩나물밥, 콩밥, 팥밥, 호박밥 등의 여러 가지 밥들은 별식, 절식, 새참 등으로 먹기도 한다. 여러 가지 나물과 쇠고기, 묵, 달걀 등을 얹어서 만드는 비빔밥, 김치를 잘게 썰어 물을 넣고 끓여 밥을 말아 먹는 김치국밥(김치국밥을 전주에서는 짓잎국밥이라고 하며 진안에서는 국밥이라고 함) 등이 있다. 산도밥은 밭에서 나는 쌀로 지은 밥을 말하고, 보리밥은 보리를 물에 불렸다가 절구(확돌)에 갈아서 충분히 삶아 익혀서 채반에 건져 물기가 다 빠지게 한 뒤 멥쌀에 섞어 밥을 짓는다. 정월 대보름에 먹는 찰밥은 불린 찹쌀과 삶아 낸 팥을 섞어서 밤, 대추, 소금, 설탕을 섞어 시루에 찐다. 무밥은 가을에서 겨울에 걸쳐 주로 해먹으며 물이 많은 무를 이용해 약간 질게 밥을 해서 달래를 넣은 간장이나 파 양념장에 비벼 먹는다. 콩나물국밥은 뚝배기에 밥을 담고 삶아 무친 콩나물을 얹어 콩나물 삶은 국물을 가득 부은 후 새우젓으로 간을 하여 끓인 다음 장조림을 얹어 먹으며, 전주에서 유명한 비빔밥은 밥을 지어 각종 나물을 얹고 찹쌀고추장과 집장으로 간을 하여 비벼 먹는다. 비빔밥에 들어가는 재료로는 콩나물, 녹두묵, 표고버섯, 애호박볶음, 취나물, 고사리나물, 쇠고기, 도라지, 오이채, 무생채, 당근나물, 달걀, 시금치,

송이버섯, 녹두나물, 호두, 밤 채 썬 것, 은행, 잣, 배 채 썬 것 등이며 계절에 맞게 채소는 다소 변경될 수 있어서 여름에는 가지나물을 넣어 비벼 먹기도 한다.

동부 산악 지방의 경우 지금의 주식은 쌀밥이지만 30년 전 상용 주식의 주재료는 보리가 대부분이었고 보리에 고구마, 무, 콩, 호박, 팥 등의 잡곡을 섞는 것이 일반적이었다. 보리와 잡곡의 비율은 보통 반반이며 잡곡을 보리보다 훨씬 더 넣는 경우도 많았다. 요즘은 별식으로 잡곡밥을 먹지만 임실 지방의 별식은 쌀밥이었다. 설과 추석 등 명절을 비롯하여 생일이나 각별한 손님이 왔을 때만 그나마 맛을 볼 수가 있었다고 한다. 보리밥은 보리를 하룻밤 정도 불려 절구에 넣고 갈아 솥에 넣고 물을 부어 무르게 삶아 채반에 건진 후 다시 물을 붓고 밥을 짓는다. 보리를 절구에 넣고 오래 갈은 것이거나 햇보리인 경우는 미리 삶지 않고 쌀밥보다 물을 넉넉하게 붓고 밥을 질게 지어야 맛이 있다. 또한 콩기름을 짜고 난 깻묵을 섞어 지은 콩깻묵밥은 고소한 향은 있으나 쓴맛이 나며 깔깔하다고 한다. 비지밥은 두부를 만들고 난 찌꺼기인 비지를 넣어 지은 밥이며, 풋보리밥은 보리가 익기 전 보리알이 맺힐 때 보리줄기까지 베어다 솥에 물을 조금 붓고 가열한 다음 손으로 세차게 비벼 보리알이 나오면 밥을 지어 먹는다. 대보름에는 찰밥과 오곡밥을 짓는데, 팥을 절구에 갈아서 그 물과 함께 밥을 짓는다. 약밥은 방법도 복잡하고 찹쌀도 귀해서 혼례식이나 회갑연 등 큰 잔칫날에나 만든다. 감자밥, 고구마밥, 콩나물밥, 김치를 넣고 만든 밥은 주로 겨울철에 해먹는다. 녹쌀밥은 메밀을 갈아 체에 쳐서 물을 조금 뿌려 촉촉하게 한 후 밥을 짓는데 수수밥이나 조밥처럼 깔깔하다. 임실에서는 요즘에 생일날 흰밥을 많이 먹지만 전에는 생일날 팥밥을 먹었다고 하며, 장수에서는 찹쌀과 삶은 통팥을 넣고 지은 팥찰밥을 먹는다고 한다.

죽은 서부 평야 지대에서는 잣죽, 흑임자죽, 닭죽, 껍질을 벗기지 않고 말린 피문어죽 등 보양이 될 만한 죽을 먹는 일이 많았으나 동부 산악 지대에서는 부족한 곡식으로 인하여 허기를 채우고자 소나무 속껍질, 칡, 쑥, 시래기, 산이나 들의 풀 등을 넣고 죽을 끓이기도 하였으며, 국수 몇 가닥을 잘라서 많은 양의 끓는 물에 넣고 끓여 먹는 국수죽, 메밀묵이나 도토리묵을 쑤고 난 후 그릇에 붙은 묵에 물을 붓고 끓여 먹는 메밀묵죽이나 도토리묵죽 등도 있었다. 또한 끼니 대용으로 먹는 죽을 끓일 때 전주나 임실에서는 쌀을 갈지 않고 끓이는 경우가 많았으나 진안에서는 곡물을 절구에 갈아 싸라기 형태로 만들어 끓인다. 이것은 곡물이 부족하여 적은 곡물을 양이 많아 보이게 하기 위함이 아닌가 생각된다.

팥죽은 팥을 삶아 거른 물에 쌀을 넣고 끓이는 것이 일반적이지만 전주에서는 쌀 대신에 새알심만 넣고 끓인다. 새알심이 풀어지는 것을 막기 위해 새알심을 만들어 멥쌀가루를 묻혀서 끓이며 팥죽이 걸쭉해지도록 쌀가루를 넣기도 한다.

국수는 전에는 경사스러운 날에 먹는 음식으로 알려져 있었다. 국수는 김치와 간장 등으로 간을 한 국물에 방망이로 밀어서 만든 칼국수를 넣고 끓여서 먹거나, 멸치를 우려 낸 국물에 삶은 국수를 넣어 먹는 것이 일반적인 방법이다. 또 삶은 국수에 김치를 잘게 썰어 넣고 비벼 먹는 비빔국수도 만들어 먹는다. 진안에서는 논에서 일할 때 새참으로도 국수를 먹었다고 하며 이때는 국물이 있는 국수는 불기 쉬우므로 비빔국수를 내갔다고 한다. 또한 전라북도에서는 팥을 삶아 거른 팥물에 칼국수를 끓여 익히는 팥칼국수를 여름에 흔히 만들어 먹는다.

설날에 먹는 떡국은 멸치장국국물이나 쇠고기 또는 꿩고기를 사용하며 진안, 무주, 장수 지역에서는 반드시 두부를 썰어 넣고 끓인다. 요즘은 거의 만들어 먹지 않지만 쌀가루를 반죽하여 가늘고 길게 만들어 얇게 썰어 다슬기국물에 끓여 먹는 생떡국도 먹었다. 전라북도의 대부분 지역에서 떡국의 고명으로 김과 달걀을 넣는다.

2. 부식류

【국 · 탕 · 찌개 · 지짐 · 조림】

국은 찌개나 탕보다 국물이 많고 찌개는 조림보다 국물이 많다. 전북에서는 국과 탕, 국과 찌개의 구별은 가능하나, 탕과 찌개의 구별은 명확하지 않다. 탕이나 찌개보다는 지짐이 국물이 적으며 지짐은 조림보다 국물이 더 많다.

전라북도에서는 일반적으로 식물성 재료로 끓이는 국은 된장국을 주로 끓이며 된장국은 반드시 쌀뜨물을 받아 넣고 끓인다. 그러나 콩나물국이나 미역국을 끓일 때는 소금으로만 간을 하며 기름을 넣지 않아 매우 개운하고 시원한 맛을 내기도 한다. 특히 콩나물국을 먹을 때는 깍두기나 김치를 넣어 먹는다.

찌개나 탕은 주로 민물고기, 생선, 육류식품 등의 동물성 식품과 김치, 시래기, 청국장, 토란 등으로 끓인다. 산악 지대에서는 꿩이나 토끼 또는 민물고기를 고추장이나 고춧가루를 넣고 맵게 끓인다. 평야 지대에서는 추어탕, 홍어찌개 등의 생선찌개나 탕에 된장을 넣고 끓인다. 전주에서는 조기찌개에 고사리와 미나리를 넣으며, 준치찌개에는 표고버섯과 쑥갓을 넣고 끓인다.

전라북도에서는 홍어탕을 흔히 끓이는데, 평야 지대에서는 싱싱한 홍어를 내장과 함께 끓인다. 그러나 임실에서는 홍어를 완전히 삭힌 것을 내장과 함께 끓여 목과 코가 시원해질 만큼 톡 쏘는 맛이 난다. 이것은 홍어가 산악 지대인 임실까지 오면 신선도가 떨어지게 되는데, 신선도가 떨어진 홍어 맛에 익숙해진 것이라고 생각한다. 또 민물고기인 피라미, 빠가사리, 붕어, 메기, 미꾸라지 등을 시래기와 함께 된장에 홍고추를 갈아 넣고 얼큰하게 끓인다.

전라북도에서는 토란탕, 버섯탕, 머위탕 등에 들깨를 갈아 만든 즙을 넣고 끓이는데, 임실에서는 이것을 깨탕이라고 부른다. 서울에서는 토란뿌리만 먹고 경상도에서는 토란잎만 먹지만 전라북도에서는 토란줄기와 뿌리를 모두 먹는다.

임실 지방에서는 조림을 해먹지 않으며, 찌개보다 국물을 더 바특하게 끓여 먹는데, 이것을 지짐이라고 부른다.

전주에서는 장조림을 자장이라고 한다. 자장은 쇠고기를 끓여 간장에 조린 것으로 삶은 달걀이나 메추리알을 함께 넣어 조린다. 만나지는 쇠고기를 직사각형으로 썰어 간장과 설탕을 넣고 뚝배기에다 윤기 있게 조린 것이다. 그 밖에 민물생선조림도 만들어 먹는데, 민물고기를 소금을 뿌려 두었다가 무나 시래기, 날상추를 깔고 고추장과 간장을 넣고 조린다. 이때 날상추를 넣으면 생선뼈가 연해져서 뼈째 먹을 수 있다고 한다.

그 밖의 식물성 재료인 무, 감자 등도 간장을 넣고 조려 먹는다.

【찜】

찜의 조리법은 세 가지가 있다. 첫째는 전라도에서 만드는 찜으로 주로 어류를 수증기로 쪄서 익히는 방법, 둘째는 서울, 경기 지방에서 만드는 찜으로 육류나 건어물을 양념하여 약한 불에 오래 가열하여 재료를 무르게 하는 방법, 셋째는 경상도에서 만드는 찜으로 해물을 양념과 함께 익히다가 쌀가루 등의 전분가루를 물에 풀어 넣어 걸쭉하게 만드는 방법이 있다. 전라북도에서 전통적으로 만드는 찜은 주로 첫째 방법이며 근래에는 둘째 방법으로도 많이 만든다. 수증기로 찌는 방법은 홍어가 대표적이라고 할 수 있으며 그 밖에 도미, 대하, 생합, 명란젓, 애저 등을 찐다. 양념한 재료를 오래 가열하여 익히는 방법은 갈비찜, 돼지갈비찜, 닭찜, 북어찜 등이 있다.

애저는 진안의 토속음식이다. 진안에서는 제주도, 전라북도 남원군 아영면, 경남 함양군 등의 돼지 기르기와 마찬가지로 재래식 화장실 밑에서 사람의 배설물을 먹여 키워 비계가 얇고 맛이 고소하며 졸깃졸깃한 질감을 가졌다. 애저 만드는 법은 솥에 물을 붓고 마늘, 생강, 대추, 인삼, 가피나무, 초피나무를 넣고 구멍 뚫린 양푼을 엎어 놓고 그 위에 잘 씻은 생후 1개월된 애저(兒猪)를 등 쪽이 위로 가도록 양푼 위에 얹고 찐다. 다 쪄지면 꺼내어 큰 그릇에 담아 손으로 찢어 초고추장에 찍어 먹는다. 또한 고기 맛이 우러난 국물에는 신배추김치, 대파, 깻잎, 고추장, 다진 양념 등을 넣고 남은 고기와 같이 넣고 끓이면 훌륭한 국이 된다.

【나물과 생채】

전라북도는 동부에는 산, 서부에는 평야와 바다가 있어 산, 바다, 들에서 나는 식물로 만들어 먹는 나물의 종류는 대단히 많으며 제사상에 빠질 수 없는 음식이다.

나물은 조리방법에 따라 물에 데쳐서 찬물에 헹구어 꼭 짠 다음 양념을 넣고 무쳐서 먹는 방법과, 마른 나물을 더운 물에 불려서 양념을 하여 기름에 볶는 방법이 일반적이다. 그러나 전라북도에서는 건조시켜 두었다가 물에 불려 놓은 나물 재료나 머윗대, 토란대 등을 쌀가루와 들깨물을 넣고 국물이 조금 있게 끓이기도 하는데, 이것을 부안에서는 들깨물을 넣고 끓였다고 하여 집나물이라고 부른다. 서부 평야 지방에서는 정월 보름날 먹는 나물은 거의 들깨물을 넣고 만든다. 부안과 태인에서는 해조류의 일종인 뜸부기로 나물을 만드는데, 뜸부기나물이 없으면 제사를 못 지낼 정도로 중요하게 생각한다.

해초로 만드는 나물은 김무침이 있는데, 실파나 쪽파를 살짝 데친 것을 구워서 부순 김과 함께 간장과 기름으로 무친다.

데쳐서 무치는 나물 중 봄에 나는 산나물이나 들나물은 주로 된장 또는 된장과 고추장을 섞어 넣고 무친다. 동부 산악 지대에서는 나물이나 생채에 고춧가루를 많이 넣는다.

전라북도의 서부 평야 지대에서는 콩나물잡채를 만들어 먹는데, 주재료는 머리와 꼬리를 뗀 익힌 콩나물에다 당근, 다시마, 무, 미나리 등의 날것을 채 썰어 넣고 겨자즙이나 초고추장으로 새콤달콤, 매콤하게 무친다. 콩나물잡채는 손이 많이 가는 음식이라 평상시에는 해먹지 못하고 설이나 혼인, 손님 초대 시에 만들며, 부안의 콩나물잡채가 유명하다.

날로 무치는 채소는 갓, 달래, 더덕, 도라지, 돌나물, 무, 미나리, 상추, 오이, 배추, 쑥갓 등이 있으며, 김, 미역 등의 해조류나 홍어 등의 생선을 채 썰어 살짝 절인 무와 무치기도 한다. 채소를 무칠 때는 나물을 무칠 때와는 달리 설탕과 식초를 넣어 무치는 경우가 있다. 달래, 돌나물, 상추, 쑥갓 등은 가볍게 씻거나 다루어야 풋내가 나지 않는다. 장수군에서는 전라북도에서 유일하게 고소를 먹는다. 고소는 빈대 냄새가 나므로 싫어하는 사람이 많으나 일단 맛을 들이면 고소처럼 맛있는 채소는 없다고 하며 무채와 함께 양념하여 무쳐서 밥을 비벼먹거나, 고기 먹을 때 상추와 함께 싸 먹으면 맛이 있다.

【구 이】

구워 먹는 음식은 전에는 직화에 구워 먹었으나 요즘은 조리용 열원이 장작에서 가스로 바뀜에 따라 거의가 프라이팬에서 굽는 간접구이를 하고 있다.

구워 먹는 식품은 주로 육류와 어류가 많다. 육류는 재료를 양념에 재워 두었다가 구우며, 생선은 소금을 뿌려 두었다가 굽는다. 고등어처럼 비린내가 나는 생선은 소금 간을 하지 않거나 약간만 하였다가 구워서 양념장을 얹어 먹으면 맛이 있다. 그 밖에 더덕, 도라지는 고추장 양념을 하여 굽고, 청태나 김은 그대로 구워서 간장을 찍어 먹거나 기름을 바르고 소금을 뿌렸다가 구우며, 송이버섯, 참새 등은 소금만 뿌려서 그대로 구워 먹는다.

【쌈】

쌈은 잎이 넓은 채소 위에 밥과 쌈장을 올려 놓고 잎을 오므려서 먹는 음식이다. 쌈에는 날쌈과 익힌 쌈이 있다. 날쌈을 싸는 식물은 상추, 배추, 쑥갓, 열무, 냉이, 달래, 돌나물, 고소, 시금치 같은 밭나물과 삽주싹, 잔대싹, 가죽나무, 머위, 딱주잎, 취 등 산나물이 있으며 쌈장으로는 찌금장이나 된장만으로 먹기도 하지만 고추장과 된장을 섞은 것에 기름을 섞기도 한다. 쌈은 여러 가지 채소로 싸는데, 쌈 쌀 때는 한 종류의 채소만으로도 싸서 먹지만 여러 종류의 채소를 겹쳐 놓고 싸기도 한다.

익힌 쌈은 머위잎, 호박잎, 양배추, 아주까리잎, 토란잎, 생다시마잎, 우엉잎, 취 등이 있으며 익힌 쌈의 쌈장은 된장에 풋고추와 감자 등을 썰어 넣고 되직하게 끓여 만든다.

【회】

회는 아무런 조미를 하지 않은 날 음식이나 살짝 데친 음식을 초고추장이나 소금과 참기름 등에 찍어 먹는 음식이다. 전주에서는 육회가 유명하며 예전에는 주로 갖은 양념을 한 고추장에 무쳤으나 요즘은 갖은 양념을 한 간장에 무치기도 한다. 또 간, 천엽, 쇠등골은 소금과 참기름을 찍어 회로 먹는다. 무주에서는 구천동 맑은 물에서 자란 송어회를, 진안에서는 산에서 잡은 꿩회와 민물에서 잡은 쏘가리회를 먹었다고 한다. 고창에서는 전에는 돼지고기회를 먹었으나 요즘은 선모충 때문에 먹지 않는다고 한다. 임실에서는 회를 무친 것을 회평이라고 부르며 피라미, 홍어 등에 무채를 썰어 넣고 고추장, 식초, 참기름, 설탕, 파, 마늘, 깨소금을 넣고 무친다.

그 밖에 두릅회, 미나리강회, 파강회도 초고추장을 찍어 먹는다.

【적】

적이란 원래 꼬치에 꿰어 구운 음식을 일컫는 말이며 누름적이란 꼬챙이에 재료를 꿴 다음 밀가루와 달걀을 차례로 씌워 팬에 지지는 음식이다. 요즘은 제사상에 올리는 음식 이외에는 꼬챙이에 꿰어 굽는 음식은 찾아보기 어렵다. 부안에서는 꼬챙이에 꿴 것은 꼬챙이 또는 꼬쟁이, 진안에서는 꼬지, 전주에서는 적, 군산과 진안에서는 제사 때 쓰는 꼬챙이에 꿴 음식을 적반이라고 한다.

전라북도에서는 누름적을 적이라고 말하며 이것이 변하여 가열한 팬에 식용유를 두르고 재료를 잘게 썰어 넣은 밀가루 반죽을 부어 넣어 익혀 먹는 것을 적 또는 부침개라고 부르며 흔히 만들어 먹는 음식이다. 동부 산악 지방에서 흔히 만들어 먹는 적은 가지적, 고추적, 김치적, 깻잎적, 두부적, 달래적, 미나리적, 배추적, 부추적, 표고적, 파적, 풋마늘대적, 호박적이 있으며, 식물성 재료에 된장과 고추장을 섞어 부친 가죽장떡, 방아나물장떡이 있고 주로 명절 때나 구경할 수 있었던 적으로는 돼지고기적, 명태적, 새우적, 오징어적, 홍어적 등이 있다. 동부 산악 지대에서는 한 번 삶아서 부치는 적에는 고구마적, 감자적, 당근적, 무적이 있고 삶아 말려 두었던 것을 물에 불려서 부치는 적으로는 가죽적, 고사리적, 고구마줄기적, 우엉적, 머윗대적, 박잎사귀적, 어린 옻나무순적, 자운영적, 토란대적 등이 있다.

서부 평야 지대에서는 고구마줄기(감자순이라고도 함), 김치, 파, 풋고추, 양하, 버섯을 쇠고기나 돼지고기와 함께 꼬챙이에 꿰어 익히기도 한다.

【전】

전은 식품을 얇게 썰어 밀가루를 묻히고 풀어 놓은 달걀을 씌워 뜨거운 팬에 기름을 두르고 놓아 익힌 음식으로 적은 일상적인 음식인 데 비해 전은 주로 의례적인 음식이다. 전라북도에서는 전은 주로 어른 밥상, 폐백, 손님상, 제사상에 올리는 음식으로 만들며, 전을 부칠 때 얇게 썬 풋고추나 붉은 고추, 쑥갓 등을 놓고 부쳐서 아름답게 만들기도 한다. 전의 재료는 돼지고기, 쇠고기, 호박, 감자, 고구마, 깻잎, 다시마, 두릅, 두부, 동태, 미나리, 부추, 양하, 풋고추, 무, 배추, 당근, 버섯, 호박 등이 있다.

【볶음과 튀김】

볶음은 팬에 기름을 조금 두르고 재료를 넣어 재빨리 익히는 음식이다. 진안에서는 주로 버섯류를 볶아 먹으며, 그 밖의 지역에서는 풋고추, 감자, 가지, 호박 등의 식물성 식품과 메뚜기, 돼지고기, 보리새우, 멸치, 오징어채, 명태포, 말린 병어새끼 등의 동물성 식품을 볶아 먹는다.

튀김은 많은 양의 기름에서 식품을 익히는 것을 말하며 부각과 튀김이 있다. 부각은 주로 마른 다시마, 김, 가죽나무순, 들깨송이 등에 찹쌀풀을 발라 말려 두었다가 필요할 때마다 튀겨 먹는 저장식품의 일종이다. 부각은 동부 산간 지방에서 잘 만드는데, 이것은 고도가 높아 평야지대보다 건조하여 부각 만들기에 좋은 기후조건 때문이라고 생각한다. 튀김은 식용유 값이 싸지면서 요즘 많이 만들어 먹는 음식이 되었다. 재료에 튀김옷을 입혀 튀기는 것으로 채소류, 해산물, 육류 등을 튀겨 먹는다.

【마른반찬(짠지)】

전라북도에서는 물기 없이 만들어 단기간 저장할 수 있는 반찬을 짠지라고 부른다. 전주에서는 멸치를 볶아 수분을 없앤 후 간장, 물엿, 고춧가루 등을 넣어 끓인 양념장에 무친 것을 멸치짠지라고 하며 북어포나 오징어채도 비슷한 방법으로 하여 명태포짠지, 오징어채짠지라고 한다. 콩나물을 볶을 때 물기를 적게하여 저장성을 높인 음식을 콩나물짠지라고 한다.

【김치(지)】

김치는 전라도 음식을 대표할 만큼 중요한 음식이다. 요즘은 전라도 김치 이외의 다른 지방의 김치를 맛보기가 어려울 정도로 전라도 김치가 전국을 휩쓸고 있다. 전라도 김치는 맵고 감칠맛이 있다.

전라북도에서는 김치를 '지'라고 한다. 그래서 오이지란 오이를 잘라서 담그는 김치를 말하며, 서울에서 오이장아찌라고 하여 소금물에 절여 둔 오이를 썰어서 꼭 짠 다음 갖은 양념을 하여 무쳐서 먹는 오이지와 다른 의미이다.

전라북도에서는 김장 때 이외에는 고춧가루를 사용하지 않고, 찹쌀풀이나 밥, 마늘, 생강, 불린 통고추나 붉은 고추를 함께 간 것에 젓갈이나 소금을 넣고 간을 하여 버무린 무채를 절여서 물기를 빼 둔 배추 사이사이에 넣어 김치를 담근다.

전라도 김치라면 젓갈이 많이 들어가는 것으로 생각하기 쉬우나 교통이 편리해지기 전에는 동부 산악 지방에서는 젓갈을 구하기가 힘들어서 전혀 넣지 않고 담갔다. 그 대신에 들깨죽을 쑤어서 절구에 양념을 넣고 갈아서 버무리기도 했다고 한다. 뿐만 아니라 소금이 귀해 배추를 먼저 씻어서 절인 후 헹구지 않고 양념에 버무렸다고 한다.

전라북도에서 담그는 김치의 주재료는 가지, 갓, 고구마순(전북에서는 고구마를 감자라고도 하며 감자는 하지감자라고 함), 고들빼기, 고춧잎, 무, 깻잎, 돌나물, 미나리, 배추, 부추, 상추, 오이, 열무, 총각무, 파, 풋고추 등이나 요즘은 여러 가지 김치를 담그는 일도 적고 담그는 김치의 양도 많이 줄어들었다.

전라북도에서는 김치를 음식에 다양하게 사용한다. 예를 들면 쑥국을 끓일 때도 김치를 넣고, 고등어나 꽁치, 삼치 등의 등푸른생선을 지질 때에 신김치와 함께 끓이며, 김치를 잘게 썰어 밀가루 반죽과 섞어 팬에 기름을 두르고 부침개를 만들어 먹기도 하고, 청국장, 돼지고기찌개, 순두부찌개, 비지찌개, 김치찌개, 김치볶음, 국수장국의 고명 또는 칼국수를 만들 때도 쓰인다. 또한 잘게 썬 김치와 쌀을 넣고 끓이는 김치죽을 끓일 때, 날두부를 먹을 때, 삶은 돼지고기를 먹을 때 등에도 쓰인다. 이렇게 전라북도에서는 김치로 끓인 국에 밥을 넣고 끓인 것을 '국밥' 또는 '장국밥' 이라고 할 정도로 김치가 중요한 음식이다.

【장】

전라북도의 장은 간장, 된장, 고추장, 찌금장, 집장, 볶애장 등이 있다. 그 중 간장, 된장, 고추장은 조미료로 쓰이는 경우가 대부분이지만 그렇지 않은 장류가 있다. 찌금장은 속성 장으로 메줏가루를 빻아 소금물, 동치미국물, 김칫국물을 섞어 두었다가 먹는데, 주로 쌈장으로 쓴다. 집장은 찹쌀죽을 끓여서 메줏가루, 고춧가루, 집에서 담근 진간장, 설탕과 절여 두었던 풋고추잎, 말린 가지, 무말랭이 등을 넣어 요즘은 보온밥통에서 하루만 발효시키면 먹을 수 있는데, 전에는 두엄에서 1주일 정도 익혀서 먹었다고 한다. 이것은 끓이지 않고 그대로 반찬으로 먹는 장이다. 볶애장은 콩을 볶아서 담근다고 하여 붙인 이름이다. 고창과 정읍에서 담그는데, 11월에 수확이 끝난 콩을 볶아 껍질을 벗겨 버리고 물을 넣고 삶아 건져서 청국장 띄우듯이 띄워 실이 나면 콩 삶았던 물을 넣고 얇게 썬 무, 고추, 다진 마늘을 넣고 국처럼 끓여 차게 두고 먹는 일종의 냉국이다.

【장아찌】

장아찌는 식품의 수분을 어느 정도 없앤 후 된장, 고추장, 간장 등의 장류에 박아 맛을 들이는 저장 식품이다.
전라북도에서는 된장을 이용한 장아찌를 많이 담그지만, 순창 지방에서는 고추장을 이용한 장아찌를 주로 담그며, 동부 산악 지방에서는 소금물에 담가서 맛이 든 다음에 먹기도 한다. 장아찌를 임실에서는 짠지라고 부르기도 한다. 무, 깻잎, 풋고추, 오이, 더덕, 고춧잎, 마늘, 마늘종, 콩잎, 도토리묵, 무릇, 양파, 굴비, 양태, 감, 토마토, 울외, 우무묵, 도라지, 양하 등 종류가 매우 많다. 진안읍에서는 게장을 게장아찌라고 하는데, 게를 간장에 담그므로 게장아찌가 맞는 명칭인 것 같기도 하다. 위에 열거한 장아찌 이외에도 요즘은 보기 힘들지만 버리게 되는 식품으로 장아찌를 담그는 경우가 많다. 파뿌리, 수박 속껍질, 머윗대 껍질, 생강뿌리인 강수, 생강줄기를 두드려서 담그는 게악장아찌 등이 그 예이다.

【젓갈】

젓갈은 어패류를 소금에 절여 숙성시킨 음식이다. 전라북도는 서해의 갯벌과 바다가 있어서 젓갈의 종류가 많으며 특히 김치에 넣는 젓갈이 다양하다. 백하젓, 세하젓, 자젓, 중하젓을 포함한 새우젓, 멸치젓, 황석어젓, 등피리젓(부안에선 딘팽이젓이라고 하고 고창에서는 등피리젓이라고 함), 갈치젓, 조기젓, 고노리젓, 갈치창젓, 신대젓, 돌치젓, 반지젓, 밴댕이젓, 굴젓, 가자미젓, 호수가자미젓, 박대젓, 병어젓, 준어젓(준치젓) 등을 김치에 넣어 먹거나 반찬으로도 먹는다. 특히 갈치 내장으로 담근 갈치창젓은 매우 맛있는 젓갈로서 매운 풋고추를 잘게 썰어 넣어 두었다가 먹으면 맛이 있는 밥반찬이 된다.

3. 떡류 및 과정류

【떡】

의례음식 중 빠뜨릴 수 없는 것이 떡인데, 전라북도에서는 쪄서 익히는 떡 중에서 켜떡은 켜가 얇은 것이 특징이며 특히 찰떡은 두께가 0.5cm 정도로 만들기도 한다. 전주의 송편은 크기가 아주 작아 엄지손가락 마디 하나 정도의 크기이다. 떡을 만들 때 쌀가루 반죽에 쑥이나 모시잎을 넣어 만들어 초록색의 쫄깃쫄깃한 맛이 나게 한다. 진안의 노래 중에 '영감아 땡감아 죽지 마라, 봄보리 개떡에 꿀 발라 줄게' 라는 노래도 있는 것으로 보아 자연환경이 좋지 않았던 진안에서는 보리개떡이 죽어 가는 사람도 죽지 않게 할 만큼 귀한 음식이었던 것 같다.

경사스러운 날에 쓰이는 떡은 꽃이나 새, 열매 등의 아름다운 모양을 만들기도 한다. 제사에 쓰이는 떡에는 쑥을 넣지 않는 집도 있으며, 고물은 콩을 볶아 거칠게 빻아 물에 축여 1시간 정도 불려서 쓰는 콩가루고물이나 거피팥고물, 볶아서 가루로 만든 깨고물 등을 주로 쓴다.

부안과 김제, 전주에서는 떡 중에서 반찬으로 먹는 떡을 떡자반이라고 하는데, 찹쌀가루에 고추장을 넣고 반죽하여 둥글고 얇게 밀전병처럼 부치거나 또는 찹쌀부꾸미처럼 얇게 만들어 간장, 설탕, 고운 고춧가루를 넣고 끓여 만든 양념장에 담갔다가 건진 것을 식으면 칼로 잘라 반찬으로 먹는다.

팥시루떡을 만들 때는 팥을 터지지 않게 삶는데, 팥을 터지도록 삶으면 팥이 뭉쳐서 많이 들게 된다고 한다. 그래서 터지지 않게 삶은 팥을 절구에 찧어 팥알을 쪼개어 고물로 쓴다.

감이 많이 나는 곳에서는 감을 얇게 잘라서 꾸덕꾸덕하게 말려서 넣거나 곶감을 만들기 위해 벗겨 놓은 감 껍질을 말려서 잘게 부숴서 쌀가루와 섞어 켜떡을 만든다. 또 장수에서는 도토리묵을 만들고 난 찌꺼기에 쑥을 넣고 켜떡을 만들어 먹기도 한다.

【한 과】

전라북도의 대표적인 한과로는 약과, 산자, 강정, 엿강정, 정과류가 있다. 주로 동부 산악 지방이 유명하여 진안과 남원, 임실 등 여러 지역에서 지역 특산품으로 제조, 판매하고 있다. 특히 산자나 강정은 부수개라고 부른다. 꿀과 참기름이 들어가는 고급 과자인 약과는 전라북도에서는 서울보다 덜 달고 조금 더 단단하게 만든다. 전라북도에서는 무, 인삼, 생강, 연근, 당근, 동아로 정과를 만드는데, 그 중 동아정과가 유명하며 만드는 법은 다음과 같다. 11월경에 잘 익은 동아를 골라 반을 잘라 씨를 빼고 껍질을 벗겨 큼직하게 토막 내어 사회가루(꼬막껍데기를 태운 가루)를 묻혀 이틀 동안 재웠다가 물로 씻은 후 우려서 조청에 조린다. 아름답고 투명한 갈색으로 조려진 동아정과는 쫄깃한 맛을 내는 다른 정과와는 달리 씹히는 맛이 아삭아삭하다. 그 밖에 다식류, 밤엿, 과편, 숙실과류 등 매우 다양한 한과들을 만든다.

4. 폐백음식

전주의 폐백음식은 서울과 달리 그 종류가 많으며 음식의 화려함은 다른 지방에서는 흉내도 내지 못할 정도이다. 전주의 폐백음식은 제륙틀(절육에서 비롯한 말)이라고 하는 마른 문어나 마른 오징어를 오린 것과 요즘은 구경하기 힘든 전복쌈, 껍질 벗긴 밤, 대추를 꿀이나 조청에 조린 것, 찹쌀가루를 익반죽하여 동글납작하게 만들어 화전처럼 익히다가 삶은 밤을 체에 걸러 꿀과 섞은 것을 소로 넣어 반달 모양으로 접어 접시에 담은 후 흰설탕을 뿌리고 그 위에 밤채와 석이버섯채를 뿌린 화전, 송편, 흰엿, 삶은 밤의 살을 체에 내려 꿀로 반죽하여 밤 모양으로 만든 밤조란(율란을 말함), 꽃 모양으로 오린 곶감, 볶아 익힌 은행 · 잣 · 호두살 등을 가는 대가지에 꿰어 묶은 후 색종이를 병풍 접듯이 접어 어슷어슷하게 오린 것을 색깔별로 붙여 감은 색사지, 약과, 마른안주를 구절판이나 합에 담고, 통째로 쪄서 장식한 닭이나 육포와 술 등을 가지고 간다.

제2장

전라북도의 전통향토음식 종류와 만드는 방법

전라북도 전통향토음식 편집 내용

전라북도 전통향토음식 만드는 법

- 수식류
- 부식류
- 떡 류
- 과정류
- 음청류
- 주 류

전라북도 전통향토음식 편집 내용

수록된 218종의 전라북도 전통향토음식은 각 음식에 대해 분류, 음식명, 재료 및 분량, 만드는 법, 참고사항, 출처 및 정보제공자, 조리시연자, 고문헌에 의한 기록, 사진 자료 등으로 구성되어 있다. 조리방법에 대한 자료의 표준화는 기준서(신승미 외, 한국 전통음식 전문가들이 재현한 우리 고유의 상차림, 교문사, 2005)에 따르되 보다 구체적인 사항은 전문가협의회를 통해 표준화 기준을 정한 후 그 기준에 따라 정리하였다.

분류 각 음식 조리방법 상단에 분류를 명기하였다. 그 결과 대분류를 주식류, 부식류, 떡류, 과정류, 음청류, 주류 등 6항목, 중분류를 밥류, 죽류, 국수 · 미음 · 응이 등 55항목, 세분류를 43항목, 세세분류를 119항목으로 나누었다. 본 책자의 수록방법은 주식류, 부식류, 과정류는 중분류를 기준으로 작성하였고, 떡류, 음청류, 주류는 대분류를 기준으로 작성하였다. 다만, 부식류 중 나물류와 과정류에 한하여 세분류까지 나누어 표기하였다.

음식명 가급적 표준어로 음식명을 기록하였으며 지방 특색을 살리고자 표준 음식명 옆에 ( )로 지방 고유의 음식명이나 방언을 중복 기재하였다.

재료 및 분량 본 서에 실린 음식의 식품 재료는 가능한 한 4인 분량을 기준으로 작성되었으며, 보통 대량 조리로 만들어지는 음식인 일부 김치류, 장아찌류, 젓갈 및 식해류, 떡류, 다과류, 일부 음청류, 장류, 식초류 또는 주류 등의 발효식품류에 대해서는 대량조리가 가능한 분량으로 제시하였다. 식품 재료의 분량에 대한 표기법은 국제적인 CGS 단위를 기본으로 한 뒤 일반적으로 많이 사용하는 컵, 큰술, 작은술 등의 단위를 병행 표기하였다. 양념이 따로 필요한 음식의 경우 양념에 사용되는 식품 재료는 '양념' 으로 묶어 따로 표기하였다.

※ 실험조리 및 현지 조리법을 재현한 품목 이외의 일부 음식에 대한 재료의 분량은 표기가 불가능하였음

만드는 법 표준어, 과학적 표현, 통일된 용어 사용 등을 기준으로 만드는 방법을 자세히 설명하였다.

참고사항 음식이나 재료의 방언에 대한 설명, 전승 내력이나 특징, 조리상의 주의점, 이용하는 방법 등을 수록하였다.

출처 및 정보제공자, 조리시연자 출처는 지역의 전통향토음식이 기록되어 있는 문헌이나 인터넷 사이트를 연도순으로 제시하였고, 정보제공자는 음식에 대한 정보를 제공해 준 사람의 이름을 가나다순으로 제시하고 주소를 리(동)까지 나타내었다. 조리시연자는 책에 수록된 음식을 시연한 사람(현지 조사 시 조리시연을 해준 사람 또는 지역별 조리전문가)에 대하여 이름과 주소를 제시하였다.

고문헌에 의한 기록 책에 수록된 음식의 역사성 검증 결과 고문헌에 기록이 있는 음식인 경우 기록이 있는 고문헌과 그 문헌에서 표기된 음식명을 ( ) 안에 제시하였다.

사진자료 전라북도 전통향토음식 중 일부 음식에 대해서는 재료와 과정, 그리고 완성된 음식에 대해 사진 자료를 수록하였다. 사진에 표기된 번호는 해당되는 만드는 법의 번호를 의미한다.

식품량 측정 계량단위

종 류	계량단위별 중량		
	식품명	계량단위	무게(g)
곡 류	기장쌀	1컵	160
	밀	1컵	160
	밀가루	1컵	110
		1큰술	8
	밥	1공기	210
	보리쌀	1컵	145
	수 수	1컵	145
	쌀	1컵	180
	쌀가루	1컵	150
	압 맥	1컵	110
	엿기름가루	1컵	115
	옥수수	1컵	145
	조	1컵	145
	차수숫가루	1컵	90
	차 조	1컵	160
	찹 쌀	1컵	167
	찹쌀가루	1컵	100
	현 미	1컵	160
감자류	감 자	1개	150
	강낭콩	1컵	204
	고구마	1개	245
	전 분	1컵	158
		1큰술	7
	토 란	1개	45
두 류	거피팥고물	1컵	114
	거피팥고물(볶은 것)	1컵	108
	녹 두	1컵	200
	대 두	1컵	160
	두 부	1모	508
	메줏가루	1컵	80
	순두부	1개	400
	콩가루(볶은 것)	1컵	85
	콩가루(생 것)	1컵	122
	팥	1컵	211
견과류	들 깨	1컵	110
	땅 콩	1컵	159
	밤(깐 것)	1컵	160
	밤	1개	16
	오미자	1컵	40
	은 행	6알	12
	은행(깐 것)	1컵	160
	잣	1컵	140
	잣가루	1컵	90
	참 깨	1컵	120
	행인(깐 것)	1컵	120
	호 두	2알	20
	호두(깐 것)	1컵	80
채소류	가 지	1개	120
	고비(데친 것)	1컵	300
	고사리(데친 것)	1컵	200
	깻 잎	1단(10장)	16
	당 근	1개	146
	대 파	1뿌리	35
	디덕(대)	1뿌리	39
	더덕(소)	1뿌리	23
	도라지	5뿌리	100
	두 릅	10개	120
	마 늘	5쪽	21
		1컵	110
		1통	30
	무	1개	850
	배 추	1포기	1,265
	붉은 고추	1개	16
	상 추	5장	30
	생 강	1쪽	4
		1컵	115
	애호박	1개	382
	양배추	1통	1,244
		2장	72
	양 파	1개	158
	연 근	1개	192
	오 이	1개	143

종 류	계량단위별 중량		
	식품명	계량단위	무게(g)
채소류	우 엉	1뿌리	400
	죽순(삶은 것)	1개	200
	토마토	1개	153
	풋고추	4개	56
버섯류	느타리버섯	5개	100
	석이버섯(건)	4개	4
	송이버섯	5개	84
	표고버섯(건)	3개	9
	표고버섯(생)	5개	65
과실류	감	1개	140
	곶 감	1개	32
	귤	1개	70
	대 추	1컵	70
	대추(건)	5개	12
	딸 기	10개	100
	모 과	1개	500
	배	1개	370
	복숭아	1개	302
	사 과	1개	244
	살 구	2개	85
	수 박	1/2통	2,300
	앵 두	1컵	150
	유 자	1개	110
	참 외	1개	500
	포 도	1송이	292
육 류	꿩	1마리	1,000
	다진 육류	1컵	200
	닭	1마리	1,270
	닭다리(생)	1토막	90
	영 계	1마리	300
난 류	달 걀	1개	50
	메추리알	5알	52
어패류	가자미	1마리	337
	갈 치	1마리	323
		1토막	80
	갈치포	1마리	90
		3토막	55
	갑오징어	1마리	260
	건해삼	1마리	111

종 류	계량단위별 중량		
	식품명	계량단위	무게(g)
어패류	게(대)	1마리	434
	게(중)	1마리	251
	고등어	1마리	393
		1토막	150
	굴	1컵	200
	굴 비	1마리	89
	꼴뚜기	5마리	70
	꽁 치	1마리	74
	낙 지	1마리	254
	넙 치	1마리	1,100
	노가리(대)	1마리	12
	노가리(소)	1마리	4
	농 어	1마리	2,000
	대 하	1마리	100
	대합살	1마리	51
	도 미	1마리	1,000
	동 태	1마리	540
	동태포	6토막	90
	멸치(건)	7마리	14
		1컵	50
	명 태	1마리	1,053
		1토막	120
	미더덕	5마리	54
	민 어	1마리	2,300
	바지락살	5개	15
	방 게	4마리	28
	뱅어포	1장	20
	병 어	1마리	480
		1토막	96
	북 어	1마리	137
		1토막	25
	삼 치	1마리	334
		1토막	80
	새우(생)	5마리	56
	새우(건)	30마리	23
	새우살	1컵	120
	소라(삶은 것)	2개	75
	오징어(건)	1마리	61
	오징어(생)	1마리	352

종 류	계량단위별 중량			종 류	계량단위별 중량		
	식품명	계량단위	무게(g)		식품명	계량단위	무게(g)
어패류	옥 돔	1마리	591	조미료류	다진 파	1큰술	9
	우렁쉥이(멍게)	1마리	184			1작은술	3
	우렁이(삶은 것)	2개	91		된 장	1컵	280
	임연수어	1마리	413			1큰술	18
		1토막	120			1작은술	6
	전갱이	1마리	300		물 엿	1컵	292
	전 복	1마리	83			1큰술	20
	정어리	1마리	107			1작은술	6
	조갯살	1컵	200		생강즙	1컵	210
	조 기	1마리	167			1큰술	10
	준 치	1마리	700			1작은술	3.3
	쥐치포	1마리	26		설 탕	1컵	150
	한 치	1마리	203			1큰술	12
	해 삼	1마리	194			1작은술	3.5
	홍 합	3개	65		소 금	1컵	130
	홍합살	1컵	200			1큰술	18
해조류	김	1장	2			1작은술	3.5
	다시마(20cm)	1장	20		실고추	1컵	30
	불린 미역	1컵	150			1큰술	1.9
조미료류	간 장	1큰술	17			1작은술	0.6
		1작은술	5.8		식용유	1컵	140
		1컵	230			1큰술	12
	겨자가루	1큰술	6			1작은술	4
		1작은술	2		식 초	1컵	200
	고춧가루	1컵	80			1큰술	14
		1큰술	5			1작은술	5
		1작은술	2		조 청	1컵	292
	고추장	1컵	260			1큰술	21
		1큰술	18			1작은술	7
		1작은술	6		참기름	1컵	190
	깨소금	1컵	120			1큰술	12
		1큰술	6			1작은술	3.5
		1작은술	3		통 깨	1컵	90
	꿀	1컵	292			1큰술	8
		1큰술	9			1작은술	3
		1작은술	3		후춧가루	1큰술	8
	다진 파	1컵	120			1작은술	3

전라북도 향토음식

대분류	중분류		지역/상용음식
주식류 (36)	밥(11)		전주비빔밥, 황등비빔밥(육회비빔밥), 전주콩나물국밥, 돌솥밥, 산채비빔밥, 대나무통밥, 무밥, 보리밥비빔밥, 쑥밥, 오곡밥, 찰밥
	죽(14)		무릇죽, 바지락죽, 흑임자죽, 어죽 1·2, 닭죽, 밤죽, 백합죽, 생합죽, 아욱죽, 청맥죽, 콩죽, 팥죽, 호박죽
	미음 · 범벅 · 응이		
	국수 · 수제비 (9)		팥칼국수, 다슬기수제비(고동수제비), 다슬기칼국수(대수리칼국수), 들깨칼국수, 콩국수, 메기수제비, 미역수제비, 맛조개수제비(죽합수제비), 쑥수제비
	만 두		
	떡국(2)		두부떡국, 생떡국
	기 타		
부식류 (132)	국(18)		머위탕(머위깻국), 추어탕, 토란탕, 홍어탕, 감자탕, 꽃게탕, 다슬기탕, 동상토종닭백숙, 돼지뼈국, 땅두릅매운탕, 민물고기매운탕, 볶애장(볶아장), 생합탕, 양하탕, 염소탕, 옻닭, 우거짓국, 죽합탕
	찌개 · 전골 (5)		순두부찌개, 달강어찌개(장대찌개), 된장찌개, 조기찌개, 청국장찌개
	김치(12)		고들빼기김치, 콩나물김치(콩나물지), 가지김치, 검들김치(검들지), 고춧잎김치(고춧잎지), 동김치(동치미), 반지(백지) 1·2, 배추김치, 싱건지, 종삼파김치(종삼대파김치), 얼갈이김치
	나물(18)	생채(2)	고수무생채, 더덕무침
		숙채(14)	토란대나물, 호박오가리나물, 콩나물잡채 1·2, 가죽잎초무침, 갯나물(세발나물), 고사리나물, 나문재나물(나무재나물, 함초나물), 뜸부기나물, 민들레나물, 박나물, 솔버섯집나물, 싸리버섯애호박볶음, 옻나무순무침
		기타(2)	도토리묵나물, 죽순초무침
	구이(3)		풍천장어구이, 갈비구이(생갈비구이), 대합구이
	조림 · 지짐이 (6)		다슬기조림(대수리조림) 1·2, 돼지고기장조림(돼지고기자장), 장조림(자장), 마늘종조림, 무조림(무시왁저기)
	볶음 · 초		
	전 · 적(12)		풋마늘갑오징어산적, 부추전(솔전), 고구마전, 고추전, 김치전, 다시마전, 무전(무부치개), 쇠고기전, 쑥밀전병(쑥부치개), 옻순부침, 양하산적(양애산적), 양하전
	찜 · 선(10)		붕어찜, 애저찜(진안애저), 홍어찜, 대합찜(생합찜) 1·2, 고산참붕어찜, 갈비찜, 닭찜, 대하찜, 메기찜
	회(4)		양하회(양애회), 추어숙회, 꼬막회, 상추줄기회(상추고동회)
	마른반찬(10)		가죽부각, 국화잎부각, 김부각, 풋고추부각, 연사자반, 들깨송이부각, 생강잎부각, 미역자반, 전복쌈, 육포
	순대 · 편육 · 족편(2)		돼지머리편육, 용봉족편
	묵 · 두부(5)		황포묵(노랑청포묵), 두부, 메밀묵, 박대껍질묵, 청포묵(녹두묵)
	쌈		

대분류	중분류	지역/상용음식
부식류 (132)	장아찌(14)	무장아찌, 울외장아찌, 깻잎장아찌, 도라지장아찌, 산초장아찌, 감장아찌, 고들빼기장아찌, 김장아찌, 더덕장아찌(무침), 마늘종장아찌(무침), 생강줄기장아찌(계약장아찌), 양파장아찌, 질경이장아찌(빼뿌쟁이장아찌), 참외장아찌
	젓갈 · 식해 (7)	진석화젓, 토하젓, 꼴뚜기젓(고록젓), 꽃게무침, 꽃게장, 조개젓, 참게장
	장(5)	전주집장, 순창찹쌀고추장, 찌금장(찌엄장) 1 · 2, 청국장
	식초(1)	감식초
	기 타	
떡 류 (23)	떡	감단자, 깨찰편(깨찰시루떡), 모시잎송편, 섭전, 전주경단, 도토리설기떡, 도토리송편, 팥시루떡, 보리개떡, 송기떡(생키떡), 삘기송편, 쑥개떡, 쑥버무리, 쑥송편, 약식, 웃기떡(우찌지), 인절미, 증편, 호박고지찰시루떡, 호박시루떡, 호박버무리, 흑임자떡, 화전
과정류 (16)	유밀과(1)	약과
	유과(7)	콩과자(콩깨잘), 순창산자(유과), 각색산자, 강정, 산서산자, 유과, 진안유과(강정)
	다 식	
	정과(2)	연근정과, 인삼정과
	과 편	
	숙실과	
	엿강정(2)	들깨엿강정, 쌀강정
	당(엿)(4)	고구마엿, 밤엿, 삼계쌀엿, 찹쌀엿
	기 타	
음청류 (2)	음청	우슬식혜, 고추감주
주류(9)	술	과하주 1 · 2, 동동주, 삼해주, 배술(이강주), 송순주, 송화주(점주), 쌀술, 장수동동주

밥

전주비빔밥

재료

쌀 540g(3컵) • 쇠고기육회(또는 쇠고기볶음) 150g • 사골육수 800mL(4컵) • 콩나물 100g • 미나리 100g • 애호박 200g(½개) • 도라지 100g(5뿌리) • 고사리 150g(⅔컵) • 건표고버섯 10g(3개) • 무 80g • 오이 70g(½개) • 당근 70g(½개) • 황포묵 150g • 달걀 400g(8개) • 찹쌀고추장 70g(4큰술) • 다시마튀각 · 잣 · 식용유 적량

쇠고기육회 양념 간장 1작은술 • 청주 1작은술 • 참기름 1작은술 • 다진 마늘 · 통깨 · 설탕 약간

콩나물, 미나리, 애호박, 도라지 양념 소금 · 다진 마늘 · 깨소금 · 참기름 적량

고사리, 표고버섯 양념 간장 · 다진 마늘 · 깨소금 · 참기름 적량

무 양념 고춧가루 · 소금 · 다진 마늘 · 다진 생강 적량

만드는 법

1. 사골육수에 쌀을 넣어 약간 되직하게 밥을 짓는다. 이 밥을 넓은 그릇에 펴 담아 식힌다.
2. 쇠고기육회는 분량의 양념으로 무친다.
3. 콩나물과 미나리는 끓는 물에 데쳐 분량의 양념으로 무친다.
4. 애호박은 채 썰어 소금에 절였다가 물기를 짜고, 도라지는 가늘게 찢어 소금으로 문질러 씻고 꼭 짠 후 분량의 양념을 넣고 식용유에 볶는다.
5. 고사리는 물에 1~2시간 불린 뒤 줄기가 연해질 때까지 삶은 다음 짧게 썰고, 건표고버섯은 물에 불려 채 썰어 분량의 양념으로 볶는다.
6. 무는 채로 썰어 분량의 양념으로 무치고, 오이와 당근은 곱게 채 썰어 놓는다.
7. 황포묵은 얇게 썰고, 달걀은 황백지단으로 부쳐 곱게 채 썰고, 다시마튀각은 잘게 잘라 놓는다.
8. 그릇에 밥을 나누어 담고 재료들을 고루 돌려 담은 후 고추장을 얹는다.
9. 기호에 맞게 날달걀을 얹고 잣을 돌려 담는다.

1

2

4

8

참고사항

• 전주는 수질이 좋고 기후가 콩나물 재배에 알맞아 오래 전부터 질 좋은 콩나물이 생산되어 왔다. 그리고 전주비빔밥의 맛을 내는 데 가장 중요한 것이 육회이다.
• 콩나물맑은국과 볶음고추장, 참기름, 국물이 있는 나박김치를 같이 곁들인다.

출처
문화공보부 문화재관리국, 한국민속종합조사보고서(향토음식 편), 1984
전라북도 농촌진흥원, 전북의 맛, 1988

조리시연자
정정희, 전라북도 전주시 덕진구 금암1동

밥

황등비빔밥(육회비빔밥)

재료

쌀 360g(2컵) • 쇠고기(육회용) 200g • 콩나물 100g • 시금치 80g • 황포묵 80g • 밥 짓는 물 470 mL($2\frac{1}{3}$컵) • 달걀 200g(4개) • 김가루 · 소금 약간

육회 양념 간장 2큰술 • 다진 마늘 1큰술 • 참기름 1큰술 • 설탕 1큰술 • 고춧가루 2작은술

양념장 간장 4큰술 • 다진 파 2큰술 • 다진 마늘 1큰술 • 참기름 1큰술 • 고춧가루 2작은술

만드는 법

1. 솥에 불린 쌀을 넣고 물을 부어 밥을 짓는다.
2. 쇠고기는 채 썰어(5×0.3×0.3cm) 분량의 육회 양념으로 무친다.
3. 콩나물과 시금치는 각각 데친 다음 시금치만 소금을 약간 넣고 무쳐 놓는다.
4. 황포묵은 쇠고기와 같은 크기로 채 썰어 둔다.
5. 분량의 재료로 양념장을 만든다.
6. 밥에 콩나물과 양념장을 넣어 비빈 후 그릇에 담고 시금치나물과 육회를 올린다.
7. 여기에 김가루와 황백지단, 황포묵을 올린 다음 기호에 따라 참기름을 넣는다.

3

5

6

7

참고사항

- 맑은선짓국을 끓여 곁들인다.
- 비빔밥의 기원 및 유래는 아주 다양한데, 다음과 같다.
  - 조선시대 임금이 점심 때 종친이 입궐하였을 때 먹는 가벼운 식사가 유래라는 궁중음식설
  - 나라에 난리가 일어나 임금이 몽진하였을 때 수랏상에 올릴 만한 음식이나 충분한 그릇이 없어, 밥에 몇 가지 나물을 비벼 수랏상에 올린 것이 유래라는 임금몽진음식설
  - 농번기에 매번 구색을 갖춘 상차림을 준비하기가 어렵고, 또한 그릇을 충분히 가져가기도 어려워 그릇 하나에 갖은 음식을 섞어 먹은 것이 유래라는 농번기음식설
  - 동학군이 그릇이 충분하지 않아 그릇 하나에 이것저것 넣어 비벼 먹은 것이 유래라는 동학혁명설
  - 제사를 마치고 나서 제물을 골고루 먹기 위해 그릇 하나에 여러 가지 제물을 넣어 비벼서 먹었다는 제사음복설
  - 섣달 그믐날 새해 새날을 맞이하기 위해 여러 가지 새로운 음식을 장만하면서, 지난해의 남은 음식을 없애기 위하여 묵은 나물과 묵은 밥을 비벼 먹은 것이 유래라는 묵은음식처리설이 있다.

정보제공자
이덕순, 전라북도 익산군 황등면 죽촌리

조리시연자
정정희, 전라북도 전주시 덕진구 금암1동

밥

전주콩나물국밥

재 료

밥 420g(2공기) • 콩나물 200g • 대파 20g($\frac{1}{2}$뿌리) • 달걀 100g(2개) • 삶은 오징어 $\frac{1}{2}$마리 • 새우젓국 3큰술 • 묵은김치볶음 · 깨소금 · 고춧가루 · 소금 약간

콩나물 양념 간장 2큰술 • 다진 마늘 2큰술 • 고춧가루 2큰술 • 참기름 1큰술 • 깨소금 1큰술

국물 멸치장국국물(멸치 · 다시마 · 물) 600mL(3컵) • 콩나물 삶은 물 600mL(3컵)

만드는 법

1. 콩나물은 깨끗하게 손질하여 끓는 물에 소금을 약간 넣고 살짝 데쳐 건지고 국물은 따로 둔다.
2. 대파는 송송 썰어 놓는다.
3. 삶은 콩나물에 분량의 양념을 넣어 무친다.
4. 멸치장국국물과 콩나물 삶은 물을 합하여 뚝배기에 부은 다음 밥, 콩나물 무친 것, 새우젓국을 넣어 끓인다.
5. 끓어오르면 대파와 김치볶음, 깨소금, 고춧가루를 넣는다.
6. 날달걀이나 오징어 삶은 것을 넣기도 한다.

1

3

4

5

참고사항

- 콩나물은 전주의 팔미 중 하나로 전주부사의 기록에는 콩나물은 풍토병을 예방하는 데 효력이 있으므로 식탁에서 떠나지를 않는다고 하였다. 전주에서는 콩나물 기르는 법을 많이 연구하였고 또 콩나물음식이 자연스럽게 발달한 것이라고 생각된다.
- 국밥은 뚝배기 한 그릇 음식이고 여름에는 열무김치 · 오이김치 · 무깍두기, 겨울에는 배추김치를 곁들인다. 대개 아침에 해장국으로 많이 먹는 음식으로 전주 시내에 수십 곳에서 아침에 성황을 이루고 있다.

출 처

문화공보부 문화재관리국, 한국민속종합조사보고서(향토음식 편), 1984

전라북도 농촌진흥원, 전북음식, 1996

조리시연자

정정희, 전라북도 전주시 덕진구 금암1동

밥

돌솥밥

재 료

찹쌀 170g(1컵) • 밥 짓는 물 700mL(3½컵) • 쌀 360g(2컵) • 밤 160g(10개) • 대추 20g(8개) • 인삼 1뿌리

양념장 간장 2큰술 • 다진 파 1큰술 • 다진 마늘 ½큰술 • 고춧가루 1작은술 • 참기름 · 통깨 약간

만드는 법

1. 찹쌀과 쌀은 깨끗이 씻은 후 물에 불린다.
2. 밤은 껍질을 벗겨 놓고, 대추는 씨를 뺀 다음 채 썬다.
3. 돌솥에 불린 쌀을 넣고 물을 부은 후 밤, 대추채, 인삼을 넣고 밥을 지어 양념장을 곁들인다.

❃ 참고사항

돌솥밥은 조선시대 때 궁중에서 귀한 손님이 법주사로 불공을 드리러 왔을 때 이들을 대접하기 위하여 사찰에서 구하기 쉬운 음식 재료를 돌솥에 담아 바로 밥을 지은 데서 유래했다. 또 다른 유래로는 조선 숙종 때 가장 뛰어난 곱돌(감섬석)의 특산지인 전북 장수의 최씨 문중에서 왕실에 진상품으로 올려 사용하게 되면서부터 유래되었다고 한다.

정보제공자
김금주, 전라북도 전주시 완산구 원당동

산채비빔밥

재료

쌀 720g(4컵) • 밥 짓는 물 1L(5컵) • 나물(취 150g • 고사리 90g(½컵) • 표고버섯 100g(7½개) • 느타리버섯 100g(5개) • 콩나물 120g • 상추 적량) • 달걀 100g(2개) • 김 6g(3장)

양념 참기름 1작은술 • 간장 ½큰술 • 다진 파 1작은술 • 다진 마늘 1작은술

양념 고추장 고추장 1큰술 • 다진 파 1작은술 • 다진 마늘 1작은술 • 참기름 1작은술

만드는 법

1. 밥은 약간 고슬고슬하게 지어 놓는다.
2. 산나물(취, 고사리, 표고버섯, 느타리버섯)과 콩나물은 끓는 물에 살짝 데치고 상추는 생으로 다듬어 양념한다.
3. 고추장에 다진 파, 다진 마늘, 참기름을 넣고 양념 고추장을 만들어 놓는다.
4. 그릇에 준비된 나물을 고루 돌려 담은 뒤 그 위에 달걀과 김가루, 양념 고추장을 얹고 밥과 함께 곁들인다.

참고사항

내장산에서 자생하는 산나물 및 들나물을 이용하여 계절별로 만들어 먹었던 음식이다. 내장산에는 두릅, 고비, 취, 삽주, 삿갓나물, 죽대, 돌나물, 개미취, 엉겅퀴 등의 산나물 외에도 고들빼기, 씀바귀, 냉이, 달래 등의 들나물들이 많이 나서 이를 이용하여 산채비빔밥을 해먹었다.

정보제공자
임옥희, 전라북도 정읍시 내장동

대나무통밥

재 료

찹쌀 170g(1컵) • 쌀 360g(2컵) • 검은콩 1큰술 • 밤 100g(6개) • 대추 70g(6개) • 은행 25g(12알) • 밥 짓는 물 3½컵 • 잣 적량

만드는 법

1. 찹쌀과 쌀은 깨끗이 씻어 30분간 물에 불려 둔다.
2. 검은콩은 깨끗이 씻어 2시간 이상 불려 둔다.
3. 밤과 은행은 껍질을 벗기고, 대추는 씨를 뺀다.
4. 불린 쌀과 검은콩, 밤, 대추, 은행, 잣을 대나무통에 넣고 한지로 입구를 덮어서 솥에 넣고 찐다.

출 처

순창군농업기술센터, 순창의 맛 장독대, 2005

무밥

재 료

쌀 540g(3컵) • 무 300g(⅓개) • 물 3컵

양념장 간장 5큰술 • 다진 파 1큰술 • 다진 마늘 1작은술 • 깨소금 1큰술 • 참기름 2작은술 • 고춧가루 ½작은술

만드는 법

1. 쌀은 씻어 물에 불려 놓는다.
2. 무는 굵게 채 썰거나(5×0.3×0.3cm) 납작썰기 한다(2.5×2.5×0.2cm).
3. 냄비에 무와 쌀을 켜켜이 안친 후 물을 넣고 밥을 짓는다.
4. 간장, 다진 파, 다진 마늘, 깨소금, 참기름, 고춧가루를 넣고 양념장을 만들어 완성된 무밥과 함께 곁들인다.

참고사항

- 무밥은 쌀이 귀하여 끼니를 해결하기가 힘들었던 시절, 무가 제일 맛있는 가을 · 겨울철에 밥을 늘려 먹기 위해 무를 채 썰어 쌀 위에 놓고 밥을 지어 먹은 데서 유래하였다.
- 뜨거울 때 참기름 양념장에 비벼 먹어야 제맛이 나며, 무에 수분이 많으므로 밥을 지을 때는 물을 적게 넣어야 한다.

정보제공자
김순분, 전라북도 장수군 계북면 농소리

보리밥비빔밥

재 료

쌀 540g(3컵) • 보리 75g(½컵) • 밥 짓는 물 80mL(4컵) • 무채 20g • 콩나물 20g • 취 20g • 깻잎 15g(10장) • 무장아찌 15g • 채소(열무잎 또는 상추) • 식용유 적량 • 소금 약간

양념 된장 1큰술 • 고추장 1큰술 • 들기름 1작은술

만드는 법

1. 쌀과 보리를 섞어서 물을 붓고 밥을 짓는다.
2. 무채와 깻잎은 소금을 넣고 식용유에 볶는다.
3. 콩나물과 취는 끓는 물에 데쳐서 소금으로 무친다.
4. 보리밥에 준비한 나물과 무장아찌, 채소를 넣고 된장, 고추장, 들기름을 넣어 비빈다.

참고사항

예전에는 1년 동안 먹을 양식을 비축할 수 없어서 계절에 따라서 주식이 바뀌었다. 봄철인 3~4월경에 이르면 식량이 거의 떨어져서 보리의 수확을 기다리게 된다. 이 계절을 보릿고개라고 하며 나뭇잎, 산나물, 풀뿌리 등 구황식품을 이용하거나 끼니를 굶기도 많이 하였다고 한다. 그러다가 보리를 수확하면 보리로 보리밥을 지어 먹었다.

정보제공자
한면남, 전라북도 장수군 산서면 백운리
한정숙, 전라북도 진안군 마령면 덕천리

밥

쑥밥

재 료

쌀 540g(3컵) • 보리 75g(½컵) • 밥 짓는 물 800mL(4컵) • 쑥 100g

만드는 법

1. 보리는 씻어 삶는다. 쌀은 깨끗이 씻어 물에 30분간 불린다.
2. 솥에 불린 쌀과 삶은 보리를 안치고 물을 붓는다.
3. 쑥은 잘게 찢어 솥의 한쪽에 얹고 밥을 짓는다.
4. 밥이 되면 쑥을 주걱으로 골고루 섞어 낸다.

참고사항

쑥은 우리나라 단군신화에 등장하는 유래가 깊은 식물로 약용과 식용으로 쓰인다. 예로부터 봄이 되면 들판에서 채취한 어린잎으로 국을 끓이거나 떡을 만들어 먹는 일이 많았다. 그래서 쑥의 어린잎을 '떡쑥' 이라고도 부른다.

정보제공자
박양례, 전라북도 부안군 상서면 청림리

오곡밥

재 료

팥 100g(½컵) • 밤콩 80g(½컵) • 수수 70g(½컵) • 차조 80g(½컵) • 쌀 90g(½컵) • 찹쌀 90g(½컵) • 소금 1큰술 • 물(밥 짓는 물 +팥 삶은 물) 800mL(4컵)

만드는 법

1. 팥은 씻어서 충분히 잠길 정도로 물을 붓고 끓인다. 끓어오르면 물을 따라 버리고, 다시 3컵 정도의 물을 부어 팥알이 터지지 않을 정도로 삶아 건지고 팥물은 따로 받아 둔다.
2. 콩은 물에 불리고, 수수는 여러 번 씻어 붉은 물을 우려 내고, 차조는 씻어 건진다.
3. 쌀과 찹쌀은 씻어 30분 정도 물에 불렸다가 건져 놓는다.
4. 쌀, 찹쌀, 팥, 콩, 수수를 솥에 넣고 고루 섞는다.
5. 4에 팥 삶은 물과 물을 붓고 소금을 넣어 밥을 짓는다.
6. 밥이 끓어오르면 위에 차조를 얹고 중불로 줄인다.
7. 쌀알이 퍼지면 불을 아주 약하게 하여 뜸을 들인 후 아래위를 잘 섞어 그릇에 담는다.

출 처

순창군농업기술센터, 순창의 맛 장독대, 2005

고문헌

규합총서(오곡밥), 조선요리제법(별밥), 조선무쌍신식요리제법(별반 : 別飯)

밥

찰밥

재료

찹쌀 500g(3컵) • 밥 짓는 물 650mL(3½컵) • 땅콩 1큰술 • 은행 25g(12알) • 밤 110g(6개) • 잣 적량 • 소금 · 설탕 · 참기름 약간

만드는 법

1. 찹쌀은 물에 불려 둔다.
2. 땅콩은 불려서 껍질을 까 놓고 은행은 끓는 물에 소금을 넣고 삶아서 껍질을 깐다.
3. 밤과 잣은 겉껍질을 제거하고 알맹이만 준비해 둔다.
4. 불린 찹쌀, 땅콩, 은행, 밤, 잣을 소금, 설탕, 참기름과 잘 섞어서 찜통에 찐다.

참고사항

대보름날의 절식(節食)으로는 햇찹쌀을 찌고, 또 밤, 대추, 꿀, 기름, 간장 등을 섞어서 함께 찐 후 잣을 박은 약반(藥飯)을 준비한다. 조선 후기에 간행된 『동국세시기』 정월 조에 의하면 '신라소지왕(炤智王) 10년 정월 15일 왕이 천천장(天泉停)에 행차했을 때 날아온 까마귀가 왕을 깨닫게 하여, 우리 풍속에 보름날 까마귀를 위하여 제사하는 날로 정하여 찹쌀밥을 지어 까마귀 제사를 함으로써 그 은혜에 보답하는 것이다' 고 한 것으로 보아 약밥절식은 오랜 역사를 지닌 우리의 풍속이다.

정보제공자
지연분, 전라북도 익산군 황등면

죽

무릇죽

재 료

무릇뿌리 200g • 밀가루 75g(⅔컵) • 싱검초 50g • 쑥잎 20g • 물 1L(5컵) • 소금 1큰술 • 설탕 1작은술

만드는 법

1. 무릇뿌리를 깨끗이 씻어 물을 붓고 끓인다.
2. 삶은 무릇을 찬물에 담가서 아린 맛을 우려 낸다.
3. 냄비에 물 5컵을 붓고 2의 무릇을 넣고 푹 곤다.
4. 여기에 싱검초, 쑥잎을 넣고 다시 푹 곤다.
5. 어느 정도 부드럽게 고아지면 밀가루를 물에 개어 넣는다.
6. 걸쭉하게 죽이 되면 소금과 설탕으로 맛을 낸다.

1

2

4

5

정보제공자
박성임, 전라북도 부안군 부안읍 외하리
안종희, 전라북도 진안군 동향면 대량리

조리시연자
정정희, 전라북도 전주시 덕진구 금암1동

바지락죽

주식류
부식류
떡류
과정류
음청류
주류

재 료

멥쌀 360g(2컵) 또는 찹쌀 335g(2컵) • 바지락 100g(30개) • 물 2L(10컵) • 녹두 80g(½컵) • 표고버섯 50g(4장) • 당근 60g(⅓개) • 인삼 1뿌리 • 다진 파 1큰술 • 다진 마늘 1큰술 • 간장 1큰술 • 참기름 1큰술

만드는 법

1. 쌀은 깨끗이 씻어 불린 후 건져 물기를 뺀다. 이때 깨끗한 쌀뜨물을 받아 둔다.
2. 녹두는 잘 씻어 불린 후 껍질을 제거한다.
3. 표고버섯은 뜨거운 물에 데쳐 사방 0.1cm로 다진 다음 간장으로 양념한다.
4. 당근은 다져 놓고, 인삼은 채 썰어(5×0.2×0.2cm) 준비한다.
5. 해감을 뺀 바지락은 곱게 다져 냄비에 참기름을 두르고 볶는다.
6. 바지락이 익으면 쌀을 넣어 볶는다.
7. 6의 냄비에 쌀뜨물을 부어 30분쯤 끓인다.
8. 쌀알이 푹 퍼지면 위에서 준비한 녹두, 표고버섯, 당근, 다진 파, 다진 마늘을 넣는다.
9. 채소가 익으면 간장으로 간을 맞추고 인삼채를 고명으로 올린다.

출 처
부안군농업기술센터, 부안 향토음식, 2001

조리시연자
정정희, 전라북도 전주시 덕진구 금암1동

죽

흑임자죽

재 료

찹쌀 170g(1컵) • 검은깨(흑임자) 55g(½컵) • 물 1.6L(8컵) • 잣 1큰술 • 소금 · 설탕 약간

만드는 법

1. 찹쌀은 깨끗이 씻어 물에 불린다.
2. 검은깨는 깨끗이 씻어 일어 물기를 빼고 타지 않도록 볶는다.
3. 분쇄기에 쌀과 검은깨를 넣고 각각 물을 섞어 곱게 갈아 체에 밭친다.
4. 냄비에 찹쌀 갈은 것을 먼저 붓고 나무주걱으로 저으면서 끓인다.
5. 4의 냄비에 검은깨 갈은 것을 넣고 다시 걸쭉하게 끓인 다음 소금이나 설탕으로 간을 하고 잣을 곁들인다.

3

4

5

조리시연자
정정희, 전라북도 전주시 덕진구 금암1동

고문헌
시의전서(흑임죽 : 黑荏粥), 조선무쌍신식요리제법(흑임자죽 : 黑荏子粥)

어죽

▌방법 1▐

재 료

민물고기 200g • 쌀 90g(½컵) • 밀가루 55g(½컵) • 물 5컵 • 풋고추 40g(4개) • 깻잎 15g(8장) • 미나리 · 쑥갓 약간

다진 양념 된장 2큰술 • 고추장 2큰술 • 다진 파 2큰술 • 다진 마늘 2큰술 • 다진 생강 1큰술 • 고춧가루 · 후춧가루 약간

만드는 법

1. 쌀은 물에 씻어 불려 놓고, 밀가루는 수제비 반죽을 한다.
2. 민물고기는 내장을 제거한 후 물에 식초를 약간 넣어 깨끗이 씻는다.
3. 2의 민물고기를 삶은 다음 살과 뼈를 분리해서 살만 걸러 낸다.
4. 걸러진 살에 된장, 고추장을 풀고 나머지 다진 양념 재료를 넣어 한소끔 끓인다.
5. 맛이 우러나면 불린 쌀을 넣어 끓이다가 쌀이 퍼졌을 때 수제비 반죽을 떼어 넣는다.
6. 풋고추, 깻잎, 미나리, 쑥갓은 먹기 직전에 넣어 한 번 더 끓여 준다.

▌방법 2▐

재 료

민물고기(피리 · 동자개 · 메기 · 꺽지) 700g • 밀가루 220g(2컵) • 고추장 260g(1큰술) • 고춧가루 2작은술 • 다진 파 1큰술 • 다진 마늘 1큰술 • 소금 1큰술

만드는 법

1. 밀가루는 미리 수제비 반죽을 해 놓는다.
2. 민물고기는 삶아서 으깬 다음 가시를 걸러 내고, 가시를 걸러 낸 국물에 고추장과 고춧가루를 넣고 끓인다.
3. 끓는 물에 수제비를 떼어 넣은 다음 다진 파, 다진 마늘을 넣고 소금으로 간을 맞춘다.

✤ 참고사항

전라북도 진안군 일대의 강가나 호수 등 민물에서 잡히는 민물고기(붕어, 산천어)를 이용하여 곰탕(사골)처럼 뼈와 머리를 고아서 그 물에 쌀을 넣어 죽을 만들었다고 한다. 특히 하천이 있는 지방 특유의 구황식으로 이용하였는데, 지금은 영양식 또는 환자의 보양식으로 더 잘 알려져 있다.

출 처

농촌진흥청 농촌영양개선연수원(현 농촌자원개발연구소), 한국의 향토음식, 1994
전라북도 농촌진흥원, 전북음식, 1996

정보제공자

서경희, 전라북도 진안군 용담면 와룡리
이순자, 전라북도 무주군 부주읍 내도리

죽

닭죽

재 료

닭(영계) 300g(1마리) • 찹쌀 340g(2컵) • 물 2.4L(12컵) • 대파 35g(1뿌리) • 마늘 20g(5쪽) • 소금 약간

만드는 법

1. 찹쌀은 깨끗이 씻어 일어 2~3시간 불려 놓는다.
2. 닭은 깨끗이 손질해서 분량의 물을 붓고 대파, 마늘을 넣어 푹 무르게 삶는다.
3. 닭이 충분히 무르면 건져 살만 발라 내고 국물은 따로 받아 둔다.
4. 닭육수에 충분히 불린 쌀을 넣고 가끔 저으면서 끓인다.
5. 쌀이 퍼져서 어우러지면 닭살을 넣고 2~3분간 더 끓여서 그릇에 담는다.
6. 상에 낼 때 소금을 곁들인다.

참고사항

닭죽의 유래는 정확한 것은 없으나 신라의 시조 탄생에서 닭이 거론되는 것으로 보아, 그 이전부터 닭이 사육되고 있었음을 유추할 수 있다.

출 처

전라북도 농촌진흥원, 전북의 맛, 1988
농촌진흥청 농촌영양개선연수원(현 농촌자원개발연구소), 한국의 향토음식, 1994

정보제공자

김영숙, 전라북도 전주시 완산구

죽

밤죽

재 료

밤 1컵 • 쌀 180g(1컵) • 물 1.6L(8컵) • 소금 ½큰술

만드는 법

1. 밤은 겉껍질을 벗긴 후 찬물에 담가 속껍질을 벗긴 다음 찜통에서 쪄 내어 체에 내린다.
2. 쌀은 깨끗이 씻어서 일어 3시간 정도 물에 담갔다가 물 200mL(1컵)를 넣고 곱게 갈아 고운체에 밭친다.
3. 준비된 밤과 쌀가루, 나머지 물을 섞어 냄비에 넣고 나무주걱으로 저으면서 센 불에서 한소끔 끓으면 중간 불로 줄여 뭉근히 끓인다.
4. 다 끓여진 밤죽에 소금으로 간을 하고 죽 그릇에 담은 후 밤 삶은 것을 2개 정도 얹어 낸다.

출 처

전라북도 농촌진흥원, 전북의 맛, 1988

고문헌

산림경제(율자죽 : 栗子粥), 증보산림경제(건율죽 : 乾栗粥), 조선요리제법(밤죽), 조선무쌍신식요리제법(율자죽 : 栗子粥)

죽

백합죽

재 료

백합 150g(3마리) • 쌀 360g(2컵) • 물 2L(10컵) • 참기름 4큰술 • 소금 약간

만드는 법

1. 백합은 칼로 껍데기를 벌려 깐 후 살만 도려 내어 살살 씻어 놓고, 쌀은 씻은 다음 30분간 물에 불린다.
2. 얇게 저민 백합살에 참기름 1큰술을 넣고, 불린 쌀에 나머지 참기름을 넣어 볶는다.
3. 백합살 볶은 것과 쌀 볶은 것을 냄비에 넣고 물을 부어 중간 불에서 끓인다.
4. 죽이 다 끓으면 소금으로 간을 맞춘다.

참고사항

백합죽은 부안군의 전통향토음식으로, 계화도의 쌀과 백합으로 만든다.

출 처

전라북도 농촌진흥원, 전북의 맛, 1988

고문헌

산림경제(백합죽 : 百合粥)

죽

생합죽

재 료

생합 600g(11마리) • 쌀 360g(2컵) • 물 2L(10컵) • 참기름 5큰술 • 다진 파 1큰술 • 다진 마늘 4작은술 • 다진 당근 1큰술 • 깨소금 4작은술 • 소금 · 김가루 약간

만드는 법

1. 쌀은 깨끗이 씻어 불려 놓고 생합살은 깨끗이 씻은 다음 다져 놓는다(사방 0.1cm).
2. 냄비에 참기름을 두르고 다진 생합살과 불린 쌀을 넣고 볶다가 물을 넣어 끓인다.
3. 2의 죽에 다진 파, 다진 마늘, 다진 당근을 넣고 소금으로 간을 한다.
4. 다 끓인 생합죽은 그릇에 담아 김가루와 깨소금을 곁들인다.

출 처

농촌진흥청, 향토음식, www2.rda.go.kr/food/, 2006

죽

아욱죽

재 료

쌀 360g(2컵) • 아욱 120g • 새우 40g(4마리) • 된장 2큰술 • 물 1.6L(8컵) • 참기름 1작은술 • 소금 ½작은술

만드는 법

1. 쌀은 씻어 3시간 정도 불린다.
2. 아욱은 줄기의 껍질을 벗긴 다음 주물러서 거품을 내어 깨끗이 씻는다.
3. 새우는 껍질을 벗겨 놓고, 된장은 물에 풀어 걸러 놓는다.
4. 된장을 푼 물에 새우를 넣고 한소끔 끓으면 쌀과 아욱을 넣어 중간 불에서 뭉근히 끓여 쌀이 푹 퍼지도록 한 후 소금으로 간을 하고 참기름을 섞는다.

출 처
전라북도 농촌진흥원, 전북의 맛, 1988

정보제공자
김순철, 전라북도 부안군 상서면 가오리

고문헌
식료찬요(아욱죽), 조선요리제법(아욱죽), 조선무쌍신식요리제법(규죽 : 葵粥)

죽

청맥죽

재료

풋보리(여물지 않은 보리) 75g(½컵) • 물 650mL(3½컵) • 소금 약간

만드는 법

1. 풋보리를 뜯어서 수염을 없애고 찜통에 쪄서 말린 후 절구에 찧는다.
2. 끓는 물에 절구에 찧은 보리를 풀어 가면서 죽을 쑤고 소금으로 간을 한다.

정보제공자
황무분, 전라북도 부안군 백산면 용계리

고문헌
조선무쌍신식요리제법(청모죽 : 靑麰粥)

죽

콩죽

재료

검은콩 240g(1½컵) • 쌀 180g(1컵) • 물 2L(10컵) • 소금 약간

만드는 법

1. 검은콩은 물에 불려 비벼서 껍질을 벗기고 비린내가 나지 않을 정도로 삶아 분쇄기에 간다.
2. 쌀은 물에 불려서 분쇄기에 살짝 간다.
3. 냄비에 물을 붓고 준비된 콩과 쌀을 넣어 죽을 끓인 후 소금으로 간을 한다.

정보제공자
유금선, 전라북도 장수군 장수읍 장수리
이군자, 전라북도 무주군 무풍면 금평리

고문헌
증보산림경제(청태죽 : 靑太粥), 조선요리제법(콩죽), 조선무쌍신식요리제법(태죽 : 太粥)

죽

팥죽

재료

팥 420g(2컵) • 찹쌀가루 100g(1컵) • 물 1.6L(8컵) • 소금 ⅓작은술 • 설탕 약간

만드는 법

1. 팥은 씻어 무를 때까지 푹 삶고 건져 식으면 곱게 갈아 체에 거른다.
2. 찹쌀가루는 소금 간을 약하게 하여 뜨거운 물로 익반죽하고 새알 크기로 빚는다.
3. 냄비에 체에 거른 팥을 넣고 물을 부어 끓인다.
4. 팥물이 끓으면 새알을 넣어 떠오를 때까지 저어 가며 익힌다.
5. 기호에 따라 소금 또는 설탕으로 간을 한다.

참고사항

팥죽에 대한 기록은 고려시대의 문인 이색의 『목은집』에 나오며, 조선시대의 음식 관련 문헌에도 나오는데, 동지음식으로 '적두죽' 이라 하여 음기(陰氣)를 쫓는 축귀(逐鬼)역할을 한다고 믿었다. 동짓날에는 팥죽을 쑤어 먹는 것이 보편화되어 '동지팥죽' 이란 이름을 가지게 되었는데, 팥죽은 팥을 삶아 으깨거나 체에 걸러서 그 물에다 찹쌀가루를 반죽해, 동글동글한 '새알심' 을 만들어 죽을 쑨다. 팥죽을 먹을 때는 이 새알심을 나이 수대로 먹곤 했는데, 여기서 '동지팥죽을 먹어야 한 살 더 먹는다' 는 옛말이 생겨난 것이다. 팥은 넓은 의미에서는 옛 조상의 '적색신앙' 을 표현한 것이다. 동짓날에 모든 악귀, 질병, 재화에서 벗어나 일 년 동안 병 없고 탈 없이 태평성대를 기원하는 마음으로 팥죽을 먹는 것이다.

정보제공자

백순기, 전라북도 부안군 부안읍 외하리
전주녀, 전라북도 부안군 상서면 청림리

고문헌

산가요록(두죽), 식료찬요(붉은팥죽), 부인필지(팥죽), 조선요리제법(팥죽), 조선무쌍신식요리제법(적두죽 : 赤豆粥)

죽

호박죽

재료

늙은 호박 ½개 • 팥(또는 강낭콩) 210g(1컵) • 찹쌀가루 35g(⅓컵) • 물 10컵 • 설탕 1큰술 • 소금 약간

만드는 법

1. 호박은 껍질을 벗겨 씻은 다음 썰어 둔다.
2. 팥에 물을 붓고 푹 삶는다.
3. 준비된 호박에 물을 약간 붓고 삶다가 잘 으깨어 주고 찹쌀가루를 넣어 끓인다.
4. 삶은 팥을 넣어 계속 끓이다가 설탕과 소금으로 간을 맞춘다.

참고사항

늙은 호박은 저장성이 좋기 때문에 겨우내 두고 먹었으며, 호박죽을 만들어 겨울철에 부족하기 쉬운 비타민 A를 보충해 왔다.

정보제공자

김길자, 전라북도 순창구 순창읍 순화리
신경숙, 전라북도 무주군 안성면 장기리
오계순, 전라북도 전주시 덕진구
이정숙, 전라북도 임실군 지사면
임춘자, 전라북도 순창군 순창면
정영남, 전라북도 남원시 산동면
조정옥, 전라북도 김제시 봉남면

국수 · 수제비

팥칼국수

재 료

팥 640g(3컵) • 밀가루 170g(1½컵) • 물 3L(15컵) • 소금 · 설탕 약간

만드는 법

1. 팥을 무르게 삶아 체에 걸러 팥물을 받아 놓는다.
2. 밀가루에 소금을 넣고 팥물을 부어 반죽을 한다.
3. 반죽이 부드러워지면 밀대를 이용해서 얇게 민 다음 밀가루를 뿌려 가며 여러 번 접어 가늘게 썬다(이때 밀가루를 뿌려 놓아야 서로 엉겨 붙지 않는다).
4. 냄비에 팥물을 붓고 불에 올려 끓으면 칼국수를 넣고 익힌 다음 소금과 설탕으로 간한다.

정보제공자
고영숙, 전라북도 전주시 덕진구 남정동
박순학, 전라북도 부안군 백산면 용계리
박양례, 전라북도 부안군 상서면

조리시연자
정정희, 전라북도 전주시 덕진구 금암1동

다슬기수제비(고동수제비)

재 료

다슬기 200g • 밀가루 165g(1½컵) • 반죽물 70mL(⅓컵) • 애호박 130g(⅓개) • 양파 80g(½개) • 풋고추 30g(2개) • 마늘 20g(5쪽) • 물 2L(10컵) • 부추 20g • 소금 · 국간장 약간

만드는 법

1. 다슬기는 하룻밤 물에 담가 해감을 뺀다.
2. 냄비에 물을 끓이다가 물이 끓어오르면 편으로 썬(0.2~0.3cm) 마늘을 넣고 다슬기를 넣는다.
3. 다슬기가 익으면 건져 속살을 빼고 국물은 따로 받아 둔다.
4. 밀가루는 소금과 물을 넣어 반죽한다.
5. 애호박은 반달썰기 하고(0.4~0.5cm), 양파는 채 썬다. 풋고추는 0.3cm 두께로 어슷썰고, 부추는 5cm 길이로 썬다.
6. 다슬기 삶은 물에 다슬기살을 넣고 끓이다가 준비된 호박, 양파, 풋고추, 부추를 넣는다.
7. 끓어오르면 수제비 반죽을 먹기 좋은 크기로 떼어 넣고 소금과 국간장으로 간을 맞춘다.

3

5

6

7

❁ 참고사항

국물은 다슬기를 삶아 파란빛이 나는 것이 특색이고 수제비 반죽을 되게 하여 덧가루 없이 만든다.

정보제공자

문옥지, 전라북도 전주시 덕진구 동산동
박현순, 전라북도 순창군 순창면 백산리
안미화, 전라북도 장수군 번암면
전예순, 전라북도 진안군 성수면

조리시연자

정정희, 전라북도 전주시 덕진구 금암1동

다슬기칼국수(대수리칼국수)

재 료

다슬기 200g • 밀가루 160g(1½컵) • 반죽물 70mL(⅓컵) • 애호박 100g(¼개) • 감자 150g(1개) • 대파 20g(½뿌리) • 매운 고추 15g(1개) • 물 2L(10컵) • 국간장 2큰술 • 다진 마늘 1큰술 • 소금 적량

만드는 법

1. 다슬기는 하룻밤 물에 담가 해감을 뺀다.
2. 다슬기에 물을 넉넉히 붓고 삶는다. 도중에 떠오르는 거품은 말끔히 걷어 낸다.
3. 우려 낸 국물을 체에 밭쳐 가라앉은 흙은 버리고 삶아 낸 다슬기는 껍데기째 맷돌에 간다.
4. 맷돌에 간 다슬기는 조리질하여 살만 건져 낸다.
5. 밀가루는 소금과 물을 넣고 반죽하여 밀대로 얇게 민 다음 밀가루를 뿌려 가며 여러 번 접어 가늘게 썬다.
6. 애호박과 감자는 0.5cm 두께로 반달썰기 한다. 대파와 매운 고추는 어슷썰기 한다(0.3cm).
7. 다슬기 국물에 다슬기살, 애호박, 감자를 넣고 밀가루로 반죽한 칼국수를 넣어서 끓인다.
8. 어슷썬 대파와 고추, 다진 마늘을 넣고 국간장과 소금으로 간을 한다.

✽ 참고사항

전라북도 정읍시 칠보 지역에 많은 하천에서 자생하던 다슬기를 이용한 음식으로 여름철 별미음식으로 손꼽힌다.

정보제공자
김예순, 전라북도 정읍시 칠보면 시산리

들깨칼국수

재료

밀가루 330g(3컵) • 반죽물 150mL(3/4컵) • 들깨 110g(1컵) • 애호박 190g(1/2개) • 물 2L(10컵) • 소금 약간

만드는 법

1. 들깨를 물에 깨끗이 씻어 분쇄기에 물을 붓고 갈아서 체에 걸러 들깨물을 만든다.
2. 밀가루는 소금과 물을 넣어 말랑말랑하게 반죽한다.
3. 도마에 밀가루를 뿌리고 반죽을 얇게 민 후 가늘게 썬다.
4. 애호박은 가늘게 채 썬다(5×0.2×0.2cm).
5. 냄비에 물을 붓고 1의 들깨물을 넣어 끓이다가 국물이 끓으면 칼국수를 넣고 한소끔 끓인 후 애호박을 넣고 소금으로 간을 맞춘다.

참고사항

칼국수는 고려 · 조선시대에 특별한 때나 먹는 귀한 음식이었다. 특히 밀가루가 흔하지 않았기 때문에 메밀이 주재료였다. 그러나 공식적으로 밀로 만든 칼국수를 먹던 때가 있었으니, 바로 보리와 밀 수확이 끝났을 때인 유두(음력 6월 15일)로, 갓 나온 햇밀로 칼국수와 밀가루부침을 무쳐 이웃과 나눠 먹던 풍습이 있었다고 한다. 점성을 높이기 위해 녹말을 호화시켜 면을 만들기도 했는데, 『음식디미방』에는 옥수수, 감자, 고구마, 칡 등의 녹말로 국수를 만드는 방법이 아주 상세하게 기록되어 있다.

정보제공자
고석원, 전라북도 전주시 완산구 삼천동

콩국수

재 료

콩 320g(2컵) • 밀가루 440g(4컵) • 오이 150g(1개) • 달걀 100g(2개) • 다진 파 1큰술 • 다진 마늘 1큰술 • 깨소금 1큰술 • 참기름 1큰술 • 소금 2큰술 • 물 2.4L(12컵)

만드는 법

1. 콩은 살짝 삶아 분쇄기나 맷돌에 곱게 갈아 고운체에 걸러 한소끔 끓인 후 소금으로 간을 하여 차게 식혀 둔다.
2. 밀가루에 콩국물 ⅓컵을 붓고 반죽하여 넓게 민 다음 가늘고 길게 채 썰어 끓는 물에 삶는다. 삶은 국수는 찬물에 헹궈 물기를 빼 놓는다.
3. 오이는 가늘게 채 썰어(5×0.2×0.2cm) 소금에 잠깐 절였다가 물에 헹궈 꼭 짠 다음 다진 파, 다진 마늘, 깨소금, 참기름으로 양념하여 볶아 놓는다. 달걀은 삶아 껍데기를 깐 다음 2등분 한다.
4. 시원한 그릇에 국수를 담고 3의 고명을 얹어 차게 식혀 둔 콩국물을 붓는다.

참고사항

콩국수를 먹기 시작한 시기는 정확히 알 수 없으나, 1800년대 말에 나온 『시의전서』에 콩국수와 깨국수가 나오는 것으로 보아 꽤 오래된 음식임을 알 수 있다. 국수는 곡식을 갈기 위한 맷돌이 필수적인데, 애초에는 지금의 날렵한 모습이 아니라 길쭉한 수제비 모양이었다고 여겨진다.

출 처
전라북도 농촌진흥원, 전북의 맛, 1988

정보제공자
김덕자, 전라북도 전주시 덕진구 고랑동

고문헌
시의전서(콩국국수)

메기수제비

재 료

메기 2마리 • 밀가루 170g(1½컵) • 양파 40g(¼개) • 미나리 50g • 대파 20g(½뿌리) • 다진 마늘 1큰술 • 생강 10g(2쪽) • 고추장 · 고춧가루 · 청주 · 물 적량 • 소금 약간

만드는 법

1. 메기는 손질하여 깨끗이 씻어서 생강과 청주를 넣고 푹 삶는다.
2. 밀가루에 물과 소금을 넣고 수제비 반죽을 한다.
3. 잘 삶아진 메기는 뼈를 발라 내고 으깬다.
4. 양파는 가늘게 채 썰고, 미나리는 5cm 길이로 썰고, 대파는 어슷썬다(0.3cm).
5. 메기 삶은 물에 고추장, 고춧가루를 풀어 넣고 끓이다가 메기살, 양파, 미나리, 어슷썬 대파, 다진 마늘을 넣고 한소끔 끓인다.
6. 국물이 끓어오르면 수제비 반죽을 떼어 넣고 끓인다.

국수 · 수제비

미역수제비

재 료

마른 미역 30g • 찹쌀가루 300g(3컵) • 반죽물 100mL(½컵) • 조갯살 50g(¼컵) • 물 2L(10컵) • 국간장 2큰술 • 다진 마늘 1큰술 • 참기름 1큰술 • 소금 적량

만드는 법

1. 미역을 물에 불려 깨끗이 씻어 건진 다음 적당한 길이로 썬다.
2. 찹쌀가루는 뜨거운 물로 익반죽을 한다.
3. 조갯살은 씻어 불린 미역과 함께 참기름을 넣고 볶다가 물을 붓고 끓인다.
4. 국물이 끓으면 찹쌀 반죽을 조금씩 떼어 넣고 다시 끓으면 다진 마늘을 넣은 후 국간장과 소금으로 간을 맞춘다.

출 처
전라북도 농촌진흥원, 전북의 맛, 1988

국수 · 수제비

맛조개수제비(죽합수제비)

재 료

맛조개(죽합) 10개 • 밀가루 220g(2컵) • 반죽물 100mL(½컵) • 대파 35g(1뿌리) • 다진 마늘 2큰술 • 물 1.6L(8컵) • 소금 약간

만드는 법

1. 맛조개를 연한 소금물에 담가서 해감을 뺀다.
2. 냄비에 맛조개를 넣고 끓여 국물을 낸 다음 국물을 체에 밭쳐 놓는다.
3. 밀가루는 소금과 물을 넣고 수제비 반죽을 한다.
4. 맛조개는 껍데기를 벗기고 살을 곱게 다져 국물에 넣고 끓인 후 수제비 반죽을 떼어 넣고 익힌다.
5. 어슷썬 대파와 다진 마늘을 넣고 소금으로 간을 맞춘다.

출 처
농촌진흥청, 향토음식, www2.rda.go.kr/food/, 2006

쑥수제비

재 료

밀가루 330g(3컵) • 쑥 200g • 애호박 100g(¼개) • 감자 100g(⅔개) • 느타리버섯 100g(5개) • 대파 20g(½뿌리) • 다진 마늘 1큰술 • 소금 1큰술 • 들기름 1작은술 • 후춧가루 약간

멸치장국국물 멸치 30g(15마리) • 다시마 10g • 물 2L(10컵)

만드는 법

1. 냄비에 찬물을 붓고 내장을 제거한 멸치와 다시마를 넣고 끓인 국물을 체에 거른다.
2. 쑥을 절구에 찧은 후 면포로 싸서 물기를 꼭 짜 즙을 낸다.
3. 애호박, 감자를 채 썰고(5×0.2×0.2cm), 느타리버섯은 길이대로 2~4번 찢어 놓는다. 대파는 어슷썬다(0.3cm).
4. 밀가루에 쑥즙을 섞어 누진하게 반죽을 한다.
5. 냄비에 멸치장국국물을 넣고 끓으면 수제비 반죽을 손으로 납작하게 떼어 넣고, 한소끔 끓으면 감자를 먼저 넣은 다음 애호박, 느타리버섯, 어슷썬 대파, 다진 마늘을 넣고 끓인다.
6. 감자와 애호박이 다 익으면 들기름을 넣고 소금과 후춧가루로 간을 맞춘다.

정보제공자
박임순, 전라북도 임실군 임실읍 갈마리

두부떡국

재료

닭(영계) 300g(1마리) • 가래떡 200g • 두부 250g(½모) • 대파 20g(½뿌리) • 마늘 20g(5쪽) • 달걀 50g(1개) • 물 1.6L(8컵) • 김가루 약간 • 소금 적량

닭고기 양념 소금 · 참기름 · 깨소금 · 후춧가루 약간

만드는 법

1. 영계는 물을 넉넉히 넣어 마늘과 함께 푹 삶고, 닭고기는 잘게 찢어 양념을 한다.
2. 가래떡을 얇게 썰고 찬물에 씻어 물기를 빼 놓는다.
3. 두부는 납작하게 썰어(4×3×0.2cm) 놓는다.
4. 닭육수에 가래떡과 두부를 넣어 끓인다.
5. 떡이 떠오르면 소금으로 간을 하고, 달걀 푼 것과 어슷썬 대파를 넣는다.
6. 그릇에 떡국을 담고 양념한 닭고기와 김가루를 얹어 낸다.

정보제공자
이수란, 전라북도 장수군 장수읍 장수리

떡국

생떡국

재료

쌀 · 무 · 다시마 · 닭 · 토란 · 물 · 소금 적량

만드는 법

1. 쌀은 물에 충분히 불려 빻아 쌀가루를 만든다.
2. 쌀가루에 물과 소금을 넣고 반죽하여 지름 3cm 정도로 길게 만든 다음 동그랗게 썰어 생떡을 만든다.
3. 닭은 다시마와 물을 붓고 푹 삶아 고기는 찢어 놓고 국물은 따로 준비해 둔다.
4. 무는 납작하게 썰고(3×4×0.5cm), 토란은 반달썰기 한다(0.5cm).
3. 국물에 무와 토란을 넣고 끓으면 썰어 놓은 생떡을 넣어 끓인 다음 소금으로 간을 맞추어 먹는다.

정보제공자
박간출, 전라북도 진안군 동향면 대량리

고문헌
조선요리제법(생떡국), 조선무쌍신식요리제법(생병탕)

국

머위탕(머위깻국)

재 료

머윗대 200g • 쌀 90g(½컵) • 들깻가루 90g(1컵) • 건새우 50g(60마리) • 쪽파 30g • 다진 마늘 ½큰술 • 물 1.6L(8컵) • 식용유 1작은술 • 국간장 적량

만드는 법

1. 쌀은 깨끗이 씻어 물에 30분간 불린 후 물기를 뺀 다음 분쇄기에 간다.
2. 머윗대는 껍질을 벗겨 끓는 물에 살짝 데친 후 찬물에 담가 아린 맛을 우려 낸다.
3. 쪽파는 깨끗이 다듬어 3cm 길이로 썬다.
4. 머윗대를 3cm 길이로 썰어 건새우와 함께 식용유를 넣고 살짝 볶는다.
5. 볶은 머윗대에 쌀 간 것과 들깻가루를 넣어 걸쭉하게 끓이고 쪽파와 다진 마늘을 넣은 후 국간장으로 간을 한다.

2

2

5

5

참고사항

우리나라 전국의 산과 들에 야생하는 머위는 지방에 따라 '머우' 또는 '머구'라고도 한다. 농가에서는 장독대 근처에 심어 놓고 친기리로 삼기도 한다. 먹는 부위는 꽃봉오리, 연한 잎, 줄기이며 영양가가 높다기보다는 향기가 나는 기호 채소로 즐겨 먹는다.

출 처
농촌진흥청 농촌영양개선연수원(현 농촌자원개발연구소), 한국의 향토음식, 1994

정보제공자
강정화, 전라북도 김제시 요촌동
김영숙, 전라북도 김제시 봉남면 대송리
이옥진, 전라북도 순창군 유등면
조길수, 전라북도 익산시 은기동

조리시연자
정정희, 전라북도 전주시 덕진구 금암1동

추어탕

재 료

미꾸라지 300g • 무청시래기 80g • 양파 40g(1/4개) • 생강 20g(5쪽) • 대파 20g(1/2뿌리) • 물 800mL (4컵) • 들깻가루 2큰술 • 다진 마늘 2큰술 • 국간장 2작은술 • 고추 다진 양념 2큰술 • 후춧가루 · 산초가루 · 소금 약간

무청시래기 양념 된장 3큰술 • 고추장 1큰술 • 다진 마늘 1큰술

만드는 법

1. 끓는 물에 양파와 생강을 썰어 넣고 미꾸라지를 넣어 푹 끓인다.
2. 미꾸라지가 무르게 익었으면 체에 건져 내어 비벼가며 살을 발라 둔다(분쇄기에 곱게 갈아 쓰기도 한다). 양파와 생강은 건져 내어 미꾸라지 삶은 물을 떠로 준비해 둔다.
3. 무청시래기는 불려 끓는 물에 한 번 데치고 송송 썰어서 분량의 양념에 무친다.
4. 미꾸라지 삶은 물에 양념된 시래기를 넣고 미꾸라지살과 함께 푹 끓인다.
5. 들깻가루, 다진 마늘을 넣은 후 국간장, 소금으로 간을 맞추고, 후춧가루와 어슷썬 대파를 마지막에 넣는다
6. 산초가루와 고추 다진 양념을 곁들인다.

1

3

3

4

❋ 참고사항

문헌에는 고려 말 송나라 사신 서긍의 『고려도경』에 처음 추어탕이 나오지만 미꾸라지는 강이나 논에 흔하므로 서민들이 그 이전부터 먹어 왔으리라 짐작된다. 추어탕은 미꾸라지를 푹 고아 살만 발라서 여러 가지 채소와 양념하여 끓인 토속음식이다.

출 처
문화공보부 문화재관리국, 한국민속종합조사보고서(향토음식 편), 1984
전라북도 농촌진흥원, 전북의 맛, 1988

정보제공자
서정심, 전라북도 남원시 천거동
안순자, 전라북도 임실군 성수면 월평리

조리시연자
정정희, 전라북도 전주시 덕진구 금암1동

고문헌
조선무쌍신식요리제법(추탕 : 鰌湯)

국

토란탕

재 료

토란 400g • 쇠고기 100g • 들깨 50g(½컵) • 쌀 30g • 물 800mL(4컵) • 쌀뜨물 적량 • 소금 약간

쇠고기 양념 국간장 ½큰술 • 다진 파 2작은술 • 다진 마늘 1작은술 • 참기름 1작은술 • 후춧가루 ½작은술

만드는 법

1. 냄비에 쇠고기를 넣고 물을 부어 푹 삶은 다음 고기는 잘게 찢어 양념을 하고 고기 삶은 물은 따로 둔다.
2. 토란은 껍질을 벗겨 쌀뜨물에 소금을 약간 넣고 살짝 삶아 헹궈 둔다.
3. 들깨와 쌀에 고기 삶은 물을 부어가며 분쇄기에 곱게 간다.
4. 3을 체에 거르고 여기에 데친 토란과 양념한 고기를 넣고 끓인다.
5. 소금으로 간을 한다.

1

2

3

4

참고사항

『조선무쌍신식요리제법』에서 토란을 넣어 끓이기도 하며, 또 토란을 삶아 으깨어서 체에 내리고 쇠고기 다진 것을 섞어 완자처럼 빚은 후 밀가루, 달걀을 씌워 팬에 지져 토란탕에 넣어 끓인다고 하였다.

출 처
농촌진흥청 농촌영양개선연수원(현 농촌자원개발연구소), 한국의 향토음식, 1994

정보제공자
문옥지, 전라북도 전주시 덕진구 동산동
박승희, 전라북도 남원시 수지면

조리시연자
정정희, 전라북도 전주시 덕진구 금암1동

고문헌
시의전서(토란국), 조선요리제법(토란국), 조선무쌍신식요리제법(토란탕 : 土卵湯)

국

홍어탕

재료

홍어 400g • 무 80g • 양파 80g(½개) • 미나리 40g • 대파 20g(½뿌리) • 풋고추 15g(1개) • 붉은 고추 15g(1개) • 물 800mL(4컵) • 고춧가루 3큰술 • 고추장 1큰술 • 된장 1작은술 • 다진 마늘 2큰술 • 다진 생강 2작은술 • 국간장 적량

만드는 법

1. 홍어는 손질하여 큼직하게 토막을 낸다.
2. 무는 납작하게 썰고(5×4×0.5cm), 양파는 0.3cm 굵기로 채 썬다.
3. 미나리는 4~5cm 길이로 썰고, 대파, 풋고추, 붉은 고추는 어슷썬다(0.3cm).
4. 냄비에 물을 붓고 무를 넣고 끓이다가 고춧가루와 된장을 넣는다.
5. 끓어오르면 홍어와 고추장을 넣는다.
6. 홍어가 익으면 양파, 미나리, 대파, 고추, 다진 마늘, 다진 생강을 넣고 한소끔 더 끓인다.
7. 국간장으로 간을 한다.

4

5

5

6

조리시연자
정정희, 전라북도 전주시 덕진구 금암1동

주식류
부식류
떡류
과정류
음청류
주류

감자탕

재 료

돼지뼈 400g • 감자 300g(2개) • 시래기 200g • 대파 35g(1뿌리) • 마른 고추 30g(3개) • 들깨 3큰술 • 된장 1작은술 • 다진 마늘 1큰술 • 물 적량 • 소금 약간

시래기 양념 된장 · 다진 파 · 다진 마늘 적량

만드는 법

1. 돼지뼈는 물을 붓고 살짝 삶아서 국물을 따라 낸다.
2. 돼지뼈에 다시 물을 부어 된장을 약간 넣고 푹 삶는다.
3. 들깨를 갈아서 체에 밭쳐 들깨물을 만든다.
4. 감자는 깨끗이 씻어 2~4등분 한다. 대파는 반은 어슷썰고, 반은 다진다.
5. 시래기는 삶아서 적당한 길이로 썰어 된장, 다진 파, 다진 마늘을 넣고 무친다.
6. 마른 고추를 물에 불려서 씻은 후 분쇄기에 갈아서 고추 다진 양념을 만들어 놓는다.
7. 2에 양념한 시래기, 감자, 들깨물을 넣고 끓인다.
8. 거의 완성이 되면 어슷썬 대파, 다진 마늘, 고추 다진 양념을 넣고 소금으로 간을 맞춘다.

참고사항

감자탕은 삼국시대에 현재의 전라도 지역에서 농사에 이용되는 소 대신 돼지의 뼈를 우려 낸 국물로 음식을 만들어 뼈가 약한 노약자나 환자들에게 먹게 한 데서 유래되었다는 이야기가 전해진다.

정보제공자
임윤옥, 전라북도 전주시 덕진구 용정동

국

꽃게탕

재료

꽃게 500g(2마리) • 들깨 90g(1컵) • 양파 80g(½개) • 대파 35g(1뿌리) • 풋고추 15g(1개) • 다진 마늘 1큰술 • 고추 다진 양념 1큰술 • 된장 1큰술 • 물 400mL(2컵) • 국간장 약간

멸치장국국물 멸치 20g(10마리) • 다시마 10g • 물 1.2L(6컵)

만드는 법

1. 멸치와 다시마로 장국국물을 낸다.
2. 들깨는 깨끗이 씻어 물을 넣고 갈아서 들깨물을 만들어 놓는다.
3. 양파는 적당한 크기로 썰고, 대파와 풋고추는 어슷썬다.
4. 멸치장국국물에 된장을 약간 풀고 고추 다진 양념과 들깨물을 넣고 끓이다가 꽃게를 넣는다.
5. 끓기 시작하면 양파, 대파, 풋고추, 다진 마늘을 넣고 국물이 우러나도록 끓인 다음 국간장으로 간을 맞춘다.

정보제공자
송순자, 전라북도 전주시 덕진구 호성동

국

다슬기탕

재료

다슬기 400g • 애호박 190g(½개) • 부추 100g • 풋고추 15g(1개) • 물 1.6L(6컵) • 소금 적량

만드는 법

1. 다슬기를 깨끗이 씻어 끓는 물에 살짝 삶아 다슬기살을 뺀다.
2. 애호박은 채 썬다(5×0.2×0.2cm).
3. 부추는 깨끗이 씻어 3cm 길이로 썰고, 풋고추는 어슷썬다.
4. 남은 다슬기껍데기는 푹 삶아 장국국물을 만든다.
5. 장국국물에 다슬기살을 넣고 애호박, 부추, 풋고추를 넣고 끓이다가 소금으로 간을 한다.

참고사항

술 마신 뒤의 속풀이에 그만이라는 다슬기는 민물 다슬기로 지역에 따라 고동, 고디, 베틀올갱이, 올뱅이, 꼴부리, 대사리 등 각기 다른 재미있는 이름으로 불린다. 보통 계곡의 바위틈이나 물살이 세고 수심이 깊은 강에서 많이 잡히는데 서식환경에 따라 길쭉한 것, 둥근 것, 표면이 까칠까칠한 것, 매끄러운 것 등 형태가 각각 다르고 맛도 다르다.

정보제공자
유정금, 전라북도 임실군 신평면 호암리

국

동상토종닭백숙

재 료

토종닭 1.3kg(1마리) • 찹쌀 85g(½컵) • 녹두 50g(¼컵) • 당근 20g • 표고버섯 25g(2개) • 부추 20g • 물 2.4L(12컵) • 은행 · 밤 · 대추 · 황기 · 엄나무 · 당귀 · 마늘 적량

만드는 법

1. 찹쌀과 녹두는 물에 불려 물기를 뺀다.
2. 솥에 손질한 닭, 은행, 밤, 대추, 황기, 엄나무, 당귀, 마늘을 넣고 물을 부어 푹 삶아 국물을 우려 낸 뒤 황기, 엄나무, 당귀는 건져 낸다.
3. 삶은 닭을 건져 내고, 닭 삶은 물에 불린 찹쌀과 녹두를 넣어 죽을 끓인다.
4. 당근, 표고버섯, 부추를 잘게 다져 넣어 한소끔 끓인다.
5. 삶은 닭과 죽을 함께 낸다.

출 처
농촌진흥청, 향토음식, www2.rda.go.kr/food/, 2006

돼지뼈국

재 료

돼지뼈 600g • 들깨 4큰술 • 말린 고구마순 40g • 대파 35g(1뿌리) • 말린 토란대 40g • 고추 다진 양념 2큰술 • 된장 ½큰술 • 다진 마늘 2작은술 • 국간장 1큰술 • 물 적량

만드는 법

1. 돼지뼈는 큼직하게 토막을 낸 후 하룻밤 동안 찬물에 담가 핏물을 뺀다.
2. 냄비에 물을 붓고 돼지뼈를 넣어 살짝 끓여 물을 따라 낸 다음 다시 물을 부어 뭉근하게 끓인다.
3. 들깨를 갈아서 체에 밭쳐 들깨물을 만든다.
4. 말린 고구마순과 토란대를 물에 불려 푹 삶아 물기를 꼭 짜고 고추 다진 양념, 된장, 다진 마늘을 넣어 잘 버무린다.
5. 1에 들깨물을 붓고 양념한 고구마순과 토란대를 넣고 끓인다.
6. 마지막에 어슷썬 대파를 넣어 한소끔 끓인 다음 국간장으로 간을 맞춘다.

정보제공자
소향순, 전라북도 남원시 아영면 봉대리

국

땅두릅매운탕

재 료

민물고기(쏘가리 또는 붕어) · 땅두릅 · 민물새우 · 미나리 · 풋고추 · 대파 · 고추장 · 고춧가루 · 들깻가루 · 고추씨 · 다진 마늘 · 다진 생강 · 물 적량

만드는 법

1. 민물고기에 물을 붓고 오랫동안 푹 곤다.
2. 미나리는 5cm 길이로 썰고 풋고추와 대파는 어슷썬다.
3. 1에 민물새우, 고추장, 고춧가루, 들깻가루, 고추씨, 다진 마늘, 다진 생강을 넣어 끓인다.
4. 땅두릅을 넣고 더 끓인 다음 미나리, 풋고추, 대파를 얹어 한소끔 끓인다.

참고사항

- 섬진강변에 사는 대다수 주민들은 민물고기 요리를 해 먹으며 임실군 덕치면에서는 특히 땅두릅이 유명해서 땅두릅을 매운탕에 많이 넣어 먹었다.
- 땅두릅은 독특한 향기와 아삭아삭 씹히는 맛이 있는 채소로 떫은 맛이 강하고 껍질을 벗기면 변색된다. 이러한 떫은 원인이 되는 성분은 껍질 바로 아래, 줄기 바깥쪽에 많으므로 하얗고 깨끗하게 먹고 싶을 때는 껍질을 두껍게 벗겨서 먹도록 한다.

정보제공자
박미화, 전라북도 임실군 덕치면 회문리

국

민물고기매운탕

재료

동자개(동자재) 280g • 민물새우 80g(⅔컵) • 시래기 40g • 물 800mL(4컵) • 들깻가루 2큰술 • 고춧가루 2큰술 • 다진 마늘 1큰술 • 다진 생강 1큰술 • 청주 적량

시래기 양념 된장 1큰술 • 고추장 1큰술

만드는 법

1. 시래기는 푹 삶은 다음 찬물에 담가 두면서 물갈이를 하여 쓴맛을 제거한다.
2. 삶은 시래기는 적당한 길이로 썰어 된장과 고추장을 넣고 버무려 양념이 충분히 배도록 한다.
3. 뚝배기에 양념한 시래기, 손질한 동자개, 민물새우, 들깻가루, 고춧가루, 다진 마늘, 다진 생강, 청주를 넣고 끓인다.

참고사항

메기, 붕어, 쏘가리 등의 민물고기도 같은 방법으로 매운탕을 끓인다.

정보제공자
송경순, 전라북도 익산군 신동면
정춘옥, 전라북도 익산군 용동면 중신리

국

볶애장(볶아장)

재 료

콩 · 무 · 풋고추 · 다진 마늘 · 다진 생강 · 소금 · 물 적량

만드는 법

1. 콩은 깨끗이 씻은 후 볶아서 껍질을 벗긴다.
2. 무는 나박썰고(2.5×2.5×0.3cm) 풋고추는 어슷썬다(0.3cm).
3. 1의 콩에 물을 붓고 푹 무르도록 삶는다.
4. 삶은 콩을 채반에 건져서 물을 빼고 짚을 말아서 군데군데 꼽는다. 이때 콩 삶은 물은 버리지 말고 받아 둔다.
5. 더운 방에 잘 덮어서 3~4일간 띄운다.
6. 잘 띄운 콩에 무, 풋고추, 다진 마늘, 다진 생강을 넣고 콩 삶은 물을 부어 소금으로 간하여 끓인다.
7. 한번에 다 끓여서 식혀 놓고 시원하게 먹는다.

출 처
순창군농업기술센터, 순창의 맛 장독대, 2005

국

생합탕

재 료

생합 400g(8마리) • 풋고추 45g(3개) • 붉은 고추 30g(2개) • 대파 35g(1뿌리) • 쑥갓 20g • 다진 마늘 1큰술 • 생강즙 ½작은술 • 물 1.2L(6컵) • 소금 · 깨소금 · 참기름 · 후춧가루 적량

만드는 법

1. 생합을 깨끗하게 씻어 소금물에 담가 해감을 뺀 다음 냄비에 물을 붓고 끓으면 생합을 넣어 삶는다.
2. 풋고추, 붉은 고추, 대파는 어슷썰고(0.3cm), 쑥갓은 씻어 잎만 떼어 놓는다.
3. 생합 삶은 물에 풋고추와 다진 마늘, 생강즙을 넣어 한소끔 끓인 다음 소금, 깨소금, 참기름, 후춧가루로 간을 한 후 붉은 고추, 쑥갓잎을 넣고 살짝 끓인다.

출 처
농촌진흥청, 향토음식, www2.rda.go.kr/food/, 2006

국

양하탕

재 료

양하 10개 • 들깨 55g(⅓컵) • 쌀 90g(½컵) • 물 800mL(4컵) • 식용유 적량 • 다진 마늘 · 소금 약간

만드는 법

1. 쌀을 씻어 물에 30분간 불리고 들깨는 씻어 물기를 뺀다.
2. 불린 쌀, 들깨에 물 1컵을 붓고 분쇄기로 갈아서 체에 거른다.
3. 양하를 채 썰어 팬에 식용유를 두르고 볶다가 2를 넣고 다진 마늘, 소금으로 양념을 한 후 물(3컵)을 넣고 눋지 않도록 끓인다.

출 처
농촌진흥청, 향토음식, www2.rda.go.kr/food/, 2006

국

염소탕

재 료

염소고기 · 고사리 · 토란대 · 고추 다진 양념 · 다진 마늘 · 된장 · 들깻가루 · 물 적량

만드는 법

1. 솥에 물을 붓고 염소고기와 된장을 넣고 푹 삶는다.
2. 고기는 건져 내어 적당한 크기로 찢은 다음 고추 다진 양념, 다진 마늘로 양념하여 무치고 국물은 따로 둔다.
3. 고사리와 토란대는 삶아 건져 물기를 빼고 적당한 길이로 썬다.
4. 고기 삶은 물에 양념한 고기, 고사리, 토란대, 들깻가루를 넣고 끓인다.

정보제공자
노숙자, 전라북도 남원시 사매면

국

옻닭

재료

닭 1.3kg(1마리) • 옻나무 껍질 4kg • 찹쌀 130g(¾컵) • 밤(깐 것) 30g(3개) • 대추 10g(4개) • 인삼 3뿌리 • 마늘 30g(1통) • 황기 3g • 감초 3g • 물 적량

만드는 법

1. 물에 옻나무 껍질, 황기, 감초를 넣고 약한 불에서 뚜껑을 열고 푹 달인다.
2. 닭은 내장을 꺼내고 깨끗이 손질하여 뱃속에 찹쌀, 밤, 대추, 인삼, 마늘을 넣어 무명실로 꿰맨다.
3. 1에 준비된 닭을 넣고 익을 때까지 푹 끓인다.

참고사항

『동의보감』에는 '옻은 성질이 따뜻하고 어혈을 풀어주는데 독이 조금 있다. 또 골수를 충족시켜 주며 몸을 따뜻하게 한다' 하여 옻을 소개하고 있다. 생옻은 다루기가 어려우므로 잘 말려서 벌집같이 된 옻을 약용으로 써 왔다.

정보제공자
김명옥, 전라북도 무주군 안성면 금평리
박순남, 전라북도 순창군 구림면 성곡리
이미숙, 전라북도 장수군 장수읍
이정숙, 전라북도 임실군 지사면

국

우거짓국

재 료

우거지 200g • 된장 2큰술 • 고추장 1큰술 • 다진 파 ½큰술 • 다진 마늘 ½큰술 • 국간장 적량

멸치장국국물 멸치 30g(15마리) • 다시마 10g • 쌀뜨물 800mL(4컵)

만드는 법

1. 멸치와 다시마로 장국국물을 만든다.
2. 우거지는 삶아 적당한 길이로 썬다.
3. 멸치장국국물에 삶은 우거지와 된장, 고추장을 넣고 끓인다.
4. 끓을 때 다진 파, 다진 마늘을 넣고 국간장으로 간을 맞춘다.

정보제공자
신경숙, 전라북도 무주군 안성면 장기리

고문헌
조선무쌍신식요리제법(청경탕 : 靑莖湯)

국

죽합탕

재 료

죽합 15개 • 풋고추 45g(3개) • 붉은 고추 15g(1개) • 대파 35g(1뿌리) • 물 1L(5컵) • 다진 마늘 · 소금 약간

만드는 법

1. 죽합을 소금물에 담가서 해감을 빼 놓고, 풋고추, 붉은 고추, 대파는 어슷썬다(0.3cm).
2. 냄비에 물을 붓고 죽합과 풋고추를 넣어 끓인다.
3. 붉은 고추, 대파, 다진 마늘을 넣어 한소끔 끓인 다음 소금으로 간을 맞춘다.

출 처
농촌진흥청, 향토음식, www2.rda.go.kr/food/, 2006

순두부찌개

재 료

순두부 500g • 돼지고기(갈은 것) 200g(1컵) • 대파 20g(½뿌리) • 풋고추 8g(½개) • 붉은 고추 8g(½개) • 청주 · 참기름 약간

장국국물 조갯살 100g(½컵) • 물 600mL(3컵)

양념장 간장 1작은술 • 다진 마늘 3큰술 • 고춧가루 2큰술 • 생강즙 2작은술 • 장국국물 2큰술 • 소금 약간

만드는 법

1. 분량의 재료로 양념장을 만들어 둔다.
2. 대파는 어슷썰고, 풋고추와 붉은 고추는 송송 썬다.
3. 냄비에 참기름을 두르고 갈은 돼지고기, 청주를 넣고 볶는다.
4. 냄비에 찬물을 붓고 조갯살을 넣어 끓여 장국국물을 만든다.
5. 3에 장국국물을 붓고 끓인다.
6. 장국국물이 끓어오르면 순두부와 양념장을 넣어 끓인다.
7. 대파, 풋고추, 붉은 고추를 넣고 한소끔 더 끓인다.

3

6

7

❁ 참고사항

순두부는 수분이 많이 포함되어 있어 부드럽고 콩 특유의 향기가 그대로 살아 있어 입맛이 없을 때나 노인음식으로 이용되는 식품이다.

출 처
전라북도 농촌진흥원, 전북의 맛, 1988
전라북도 농촌진흥원, 전북음식, 1996
농촌진흥청, 향토음식, www2.rda.go.kr/food/, 2006

정보제공자
김순임, 전라북도 익산군 금마면 기양리

조리시연자
정정희, 전라북도 전주시 덕진구 금암1동

찌개 · 전골

달강어찌개(장대찌개)

재 료

달강어(장대) · 고사리 · 고추장 · 고춧가루 · 대파 · 다진 마늘 · 간장 · 물 적량

만드는 법

1. 고사리는 삶아 건진 다음 3~4cm 길이로 썬다.
2. 달강어(장대)는 손질하여 3~4cm 크기로 토막 낸다.
3. 냄비에 고사리를 깔고 달강어(장대)를 놓은 후 물을 붓고 고추장과 고춧가루를 풀어 끓인다.
4. 끓으면 다진 마늘과 간장으로 간하고 어슷썬 대파를 넣는다.

참고사항

달강어는 충남에서는 닥재기, 전남에서는 장대, 동해안에서는 예달재, 함경도에서는 달재, 평안북도에서는 숫달재, 황해도에서는 줄어치라 불린다. 달강어는 몸이 가늘고 길며, 몸 전체에 가시가 나 있는 빗 모양의 거친 비닐이 있고, 등 쪽이 붉은색, 배 쪽이 흰색을 띠는 물고기이다.

출 처
네이버사전(두산백과), 100.naver.com/, 2006

정보제공자
김예술, 전라북도 부안군 상서면 가오리

된장찌개

재 료

쇠고기 50g • 우렁이 200g • 두부 250g(½모) • 애호박 190g(½개) • 대파 35g(1뿌리) • 물 3컵 • 된장 2큰술 • 소금 약간

만드는 법

1. 우렁이는 물을 갈아 주면서 해감을 뺀다.
2. 우렁이를 삶아서 알맹이를 빼내거나 살아 있는 채로 깨뜨려 알맹이를 꺼낸다.
3. 두부는 두툼하게 썰고, 애호박은 반달썰기 한다. 대파는 어슷썬다(0.3cm).
4. 냄비에 물을 붓고 쇠고기를 넣어 끓인다.
5. 4의 국물이 끓으면 우렁이 알맹이, 된장을 넣고 끓인 다음 애호박을 넣는다.
6. 한소끔 끓고 나면 두부, 대파를 넣고 소금으로 간을 맞춰 푹 끓여 낸다.

참고사항

장류는 콩의 원산지인 한반도에서 농경과 함께 시작된 것으로 추정되는데, 문헌에서는 삼국사기에 처음 나온다. 신라 신문왕 3년(683년) 왕비 간택으로 입궐할 때 폐백품목으로 쌀, 꿀, 술, 장, 시, 포, 혜 등이 있었던 것으로 보아 장류는 당시의 중요한 기본 식품 중의 하나로 생각된다. 장은 콩을 삶아 발효시켜 소금을 섞은 것으로, 간장과 된장의 유래는 바로 여기서 찾아 볼 수 있다.

정보제공자

박정귀, 전라북도 익산군 함열읍 남당리
이삼님, 전라북도 무주군 무풍면 현내리

고문헌

조선요리제법(된장찌개), 조선무쌍신식요리제법(된장찌개)

조기찌개

재 료

조기 500g(3마리) • 고사리 200g • 달걀 50g(1개) • 풋고추 15g(1개) • 붉은 고추 15g(1개) • 된장 · 고춧가루 · 대파 · 다진 마늘 적량 • 국간장 약간

멸치장국국물 멸치 20g(10마리) · 다시마 10g • 물 3컵

만드는 법

1. 냄비에 물을 붓고 멸치와 다시마를 넣고 끓여서 장국국물을 만든다.
2. 조기는 비늘을 제거하고 깨끗이 씻은 다음 칼집을 낸다.
3. 고사리는 물에 불려서 먹기 좋은 크기로 썰어 놓는다.
4. 달걀은 황백지단을 부쳐서 마름모 모양으로 썰어 놓는다.
5. 풋고추, 붉은 고추는 씨를 빼고 어슷하게 썰어 놓고 대파도 어슷썬다.
6. 멸치장국국물에 된장과 고춧가루를 넣고 끓이다가 조기와 고사리를 넣어 한소끔 끓인다.
7. 풋고추, 붉은 고추, 대파, 다진 마늘을 넣고 국간장으로 간을 맞춘다.
8. 그릇에 담고 황백지단으로 고명을 얹는다.

참고사항

- 춘절시식(春節時食)으로 곡우절이 되면 조기가 가장 기름지고 맛이 좋은 때가 되므로 조깃국, 조기찌개를 끓여 먹으니 이게 바로 시식으로 사람들의 입맛을 돋운다.
- 조기는 살이 도톰한 편이므로 반드시 칼집을 깊숙이 넣어 속까지 양념이 배게 해야 맛있다. 칼집을 넣을 때는 칼을 비스듬히 눕혀서 어슷하게 해야 단면적이 넓어져 효과적이다.

정보제공자
고석원, 전라북도 전주시 완산구 삼천동

고문헌
조선요리제법(조기찌개)

청국장찌개

재 료

배추김치 적량 • 두부 150g • 대파 10g(1/3뿌리) • 청국장 3큰술 • 다진 마늘 2작은술 • 멸치장국국물(멸치 · 다시마 · 물) 200mL (1컵)

만드는 법

1. 멸치장국국물에 청국장을 푼 다음 송송 썬 김치를 넣고 끓인다.
2. 두부는 도톰하게 썰고, 대파는 어슷썬다.
3. 1의 국물이 보글보글 끓어오르면 두부, 대파, 다진 마늘을 넣어 한소끔 끓인다.

❊ 참고사항

7세기 신라의 신문왕이 왕비를 맞을 때 폐백 품목으로 '시' 라는 이름의 청국장이 나오고, 고구려 유민이 세운 발해에 책성시라는 청국장이 있었다고 문헌에 나온다. 청국장은 가을에서 이른 봄까지 일반 가정에서 많이 쓰이는 장으로 동지 전에 김장을 담그고 난 뒤 햇콩을 삶아 띄워서 만든다.

정보제공자
박명숙, 전라북도 남원시
박임순, 전라북도 임실군 임실읍 갈마리

고들빼기김치

재 료

고들빼기 1kg • 실파 200g • 밤채 50g • 고춧가루 50g(2/3컵) • 멸치젓 120g(1/2컵) • 새우젓 1큰술 • 다진 마늘 60g(1/2컵) • 다진 생강 1큰술 • 소금 약간

만드는 법

1. 고들빼기는 뿌리가 좋은 것으로 골라 깨끗이 씻은 다음 소금물에 3일간 담가서 물을 갈아 주어 쓴맛을 우려 낸다.
2. 실파는 4cm 길이로 썬다.
3. 고춧가루에 다진 멸치젓, 다진 새우젓, 다진 마늘, 다진 생강을 고루 섞어 양념을 한다.
4. 고들빼기에 실파, 밤채를 넣고 양념을 섞어 버무린다.

2

3

4

❋ 참고사항

고들빼기는 잘 삭혀야 쓴맛이 빠지는데, 삭힐 때 소금물 위에 뜨면 대나무잎을 덮고 돌로 잘 눌러 둔다. 전라도에서는 겨울김장김치로 이용하고 담글 때 멸치젓, 새우젓을 다져서 양념과 버무린다.

출 처

문화공보부 문화재관리국, 한국민속종합조사보고서(향토음식 편), 1984
전라북도 농촌진흥원, 전북의 맛, 1988

정보제공자

장길자, 전라북도 고창군 신림면 가평리

조리시연자

정정희, 전라북도 전주시 덕진구 금암1동

김치

콩나물김치(콩나물지)

재료

콩나물 300g • 무 80g • 배춧잎 5장 • 마늘 30g(1통) • 생강 20g • 멸치젓국 120g(½컵) • 물 · 소금 적량 • 실고추 약간

만드는 법

1. 콩나물은 머리와 꼬리를 떼고 비린내가 없어지도록 살짝 삶아 놓는다.
2. 무, 배춧잎은 깨끗이 씻어 굵게 채 썰어(5×0.3×0.3cm) 소금으로 살짝 절이고, 마늘과 생강은 껍질을 벗긴 다음 씻어 곱게 채 썬다(3×0.2×0.2cm).
3. 준비된 콩나물, 무, 배춧잎, 마늘, 생강, 멸치젓국, 실고추를 섞어 살살 버무려 두었다가 소금물을 붓는다.

1

1

3

3

참고사항

김칫국은 날젓국이 맑으면 그대로 써도 좋으나 그렇지 않으면 젓국은 달여서 젓국물은 조금만 쓰고 간은 삼삼하게 한다.

정보제공자
최인숙, 전라북도 익산군 황등면 죽촌리

조리시연자
정정희, 전라북도 전주시 덕진구 금암1동

가지김치

재료

가지 1kg(10개) • 쪽파 100g • 새우젓국 80g(⅓컵) • 고춧가루 40g(½컵) • 다진 마늘 2큰술 • 다진 생강 1큰술 • 소금 1작은술

만드는 법

1. 가지는 꼭지를 떼고 6~7cm 길이로 썬 다음 가운데에 칼집을 여러 개 넣어 소금물에 절여 둔다.
2. 절여진 가지는 물에 헹궈서 면포에 싸고 무거운 것으로 눌러 놓아 물기를 뺀다.
3. 쪽파는 다듬어 깨끗이 씻은 다음 송송 썬다(0.3cm).
4. 넓은 그릇에 쪽파, 새우젓국, 고춧가루, 다진 마늘, 다진 생강, 소금을 넣고 섞어서 양념을 만들어 놓는다.
5. 2에서 준비한 가지의 칼집 사이에 양념을 넣어서 숙성시킨다.

참고사항

- 가지는 가늘고 작고 곧으며 윤기가 나는 것을 고른다.
- 새우젓국은 새우젓을 다지거나 또는 냄비에 담아 물, 소금을 넣고 끓인 다음 체에 밭쳐 만든다.

출처

전라북도 농촌진흥원, 전북의 맛, 1988

고문헌

증보산림경제(침동월가저법 : 沈冬月茄菹法), 규합총서(동가김치), 시의전서(가지김치)

김치

검들김치(검들지)

재료

무 45kg(50개) • 소금 1.3kg(10컵) • 대파 · 마늘 · 생강 · 물 적량

만드는 법

1. 무는 무청을 자르지 않고 다듬어 소금에 절인다.
2. 대파, 마늘, 생강을 채 썰어(5×0.3×0.3cm) 소금으로 간하고 작은 삼베주머니에 담는다.
3. 항아리에 무를 넣고 연한 소금물을 가득 부어 2의 삼베주머니를 넣어 익힌다. 싱거우면 보름쯤이면 익게 된다.

참고사항

김장 전에 지레김치로 담그는 동치미이다.

출처

문화공보부 문화재관리국, 민속종합조사보고서(향토음식 편), 1984

고춧잎김치(고춧잎지)

재료

고춧잎 · 무 · 쪽파 · 고춧가루 · 찹쌀풀 · 멸치젓국 · 다진 마늘 · 다진 생강 · 통깨 · 소금 적량

만드는 법

1. 고춧잎을 깨끗이 씻어 항아리에 담고 돌을 눌러 소금물에 잠기게 하여 5~6일 삭힌다.
2. 무는 나박썰기하여(2.5×2.5×0.5cm) 소금에 20분 절인다.
3. 무를 씻어 무거운 것으로 눌러 수분을 제거한다.
4. 넓은 그릇에 쪽파, 고춧가루, 찹쌀풀, 멸치젓국, 다진 마늘, 다진 생강, 통깨, 소금을 넣고 버무려 양념을 만든다.
5. 고춧잎 삭힌 것과 무를 양념에 고루 버무려 항아리에 담는다.

✻ 참고사항

고춧잎 삭힌 것을 말렸다가 무말랭이와 섞어 양념에 버무려도 맛이 좋다.

정보제공자
조길수, 전라북도 익산시 은기동

동김치(동치미)

재료

무 · 배추 · 잣 · 밤 · 대파 · 소금 · 물 · 대나무잎 적량

김칫국물 멸치젓국 · 소금 · 물 적량

만드는 법

1. 무는 소금에 굴려 깨끗이 씻고, 배추는 통째로 깨끗한 물에 헹궈 물기를 빼 놓는다.
2. 항아리에 무와 배추를 통째로 넣고, 잣, 깐밤, 대파를 넣고 김칫국물을 무가 잠길 정도로 충분히 붓는다.
3. 무 위에 대나무잎을 깨끗이 씻어 덮고 누른 다음에 김칫국물을 조금 더 붓는다.

출처
전라북도 농촌진흥원, 전북음식, 1996

김치

반지(백지)

방법 1

재료

배추 · 명태(생태) · 조기젓 · 무 · 배 · 미나리 · 쪽파 · 갓 · 대추 · 마늘 · 생강 · 조기젓국 · 고춧가루 · 실고추 · 소금 적량

김칫국물 붉은 고추 · 물 · 소금 적량

만드는 법

1. 배추의 겉잎을 떼고 2등분하여 소금에 절인 다음 헹궈 물기를 뺀다.
2. 무, 배, 대추, 마늘, 생강은 채 썰고, 미나리, 쪽파, 갓은 5cm 길이로 썬다.
3. 넓은 그릇에 채 썬 무, 배, 대추를 담고 실고추와 고운 고춧가루를 뿌린 후 고루 비벼 엷게 붉은색으로 물들인 다음 마늘, 생강, 미나리, 쪽파, 갓을 섞어 김치소를 만든다.
4. 명태(생태), 조기젓, 김치소를 배춧잎 사이사이에 채워 겉잎으로 싼 다음 항아리에 차곡차곡 담는다.
5. 붉은 고추는 분쇄기나 맷돌에 물을 붓고 갈아서 조기젓국과 소금으로 간을 맞춰 붓는다.

참고사항

- 반지는 국물이 많은 동치미도 아니고 젓국과 고춧가루를 많이 넣지도 않은 중간 정도의 김치라는 뜻이다.
- 배추가 잘 절여지지 않고 국물의 간이 싱거우면 쉽게 무르므로 주의한다.
- 김칫국물로 양지머리를 삶아 식힌 물에 소금을 타서 삼삼하게 간을 맞춰 붓기도 한다.

출처

전라북도 농촌진흥원, 전북음식, 1996
네이버사전(두산백과), 100.naver.com/, 2006

방법 2

재료

배추 · 무 · 사과 · 배 · 밤 · 미나리 · 잣 · 소금 적량

만드는 법

1. 배추는 2등분하여 싱겁게 절인다. 무는 큼직하게 썰고, 사과, 배, 밤은 채 썰고 미나리는 4cm 길이로 썬다.
2. 사과, 배, 밤, 미나리, 잣 등을 버무려 소를 만들어 싱겁게 절인 배춧잎 사이사이에 채워 넣는다.
3. 항아리에 무와 배추김치를 켜켜이 담고 익힌다.

출처

문화공보부 문화재관리국, 한국민속종합조사보고서(향토음식 편), 1984

김치

배추김치

재 료

배추 · 무 · 부추 · 쪽파 · 황새기젓 · 고춧가루 · 마늘 · 생강 · 소금 · 설탕 적량 • 식은 밥 약간

만드는 법

1. 통배추에 소금을 뿌려 하룻밤 절여 놓았다가 헹궈 건져서 물이 빠지도록 한다.
2. 황새기젓에 물을 붓고 끓여 식힌 다음 한지에 밭쳐 황새기젓국을 만든다.
3. 고춧가루, 마늘, 생강에 식은 밥을 섞고 분쇄기나 맷돌에 황새기젓국을 부어가며 갈아 놓는다.
4. 무는 채 썰고(5×0.2×0.2cm) 부추, 쪽파는 5cm 길이로 썰어 넣어 소금, 설탕으로 간을 하여 버무린 다음 3의 양념과 섞어 김치소를 만든다.
5. 절인 배추에 김치소를 배춧잎 사이사이에 채워 겉잎으로 싼 다음 항아리에 차곡차곡 담는다.

참고사항

젓국을 많이 넣고 밥을 갈아 넣으면 김치가 빨리 익는다. 젓국에 마른멸치 끓인 물을 식혀서 같이 섞어 쓰기도 한다.

출 처

문화공보부 문화재관리국, 민속종합조사보고서(향토음식 편), 1984

정보제공자

성기숙, 전라북도 진안군 동향면 자산리

고문헌

시의전서(숭침채 : 菘沈菜), 조선요리제법(통김치), 조선무쌍신식요리제법(통저 : 筩菹)

김치

싱건지

재료

무 · 소금 · 대파 · 찹쌀가루 · 다진 마늘 · 다진 생강 · 물 적량

만드는 법

1. 무를 직사각형으로 썰어(5×1×0.3cm) 소금에 살짝 절여 둔다.
2. 대파는 어슷하게 썰고, 찹쌀가루로 찹쌀풀을 묽게 쑤어 소금으로 간한다.
3. 절인 무에 어슷썬 대파, 찹쌀풀, 다진 마늘, 다진 생강을 넣고 버무려 항아리에 담고 물을 부어 익힌다.

참고사항

찹쌀풀 대신에 밀가루풀을 넣기도 한다.

정보제공자
서혜경, 전라북도 전주시 완산구 평화동

김치

종삼파김치(종삼대파김치)

재료

종삼(인삼) 200g • 대파 200g(6뿌리) • 고춧가루 80g(1컵) • 멸치젓 240g(1컵) • 다진 마늘 3큰술 • 다진 생강 1큰술 • 설탕 2큰술 • 통깨 2큰술

만드는 법

1. 종삼과 대파를 깨끗이 씻어서 물기를 제거한다.
2. 1에 고춧가루, 멸치젓, 다진 마늘, 다진 생강, 설탕을 넣어 버무리고 마지막에 통깨를 뿌려 항아리에 담는다.

참고사항

종삼은 종자로 쓰는 인삼을 가리키는 말이다.

정보제공자
소향순, 전라북도 남원시 아영면 봉대리

얼갈이김치

재료

얼갈이배추 1단 • 양파 160g(1개) • 마른 고추 150g(15개) • 밥 100g(½공기) • 새우젓 80g(⅓컵) • 대파 35g(1뿌리) • 마늘 30g (1통) • 생강 5g(1쪽) • 통깨 1큰술 • 소금 적량

만드는 법

1. 얼갈이배추는 다듬어 씻어서 소금을 뿌려 20~30분간 절인다.
2. 대파는 깨끗이 씻어 어슷썬다(0.3cm).
3. 마늘과 생강도 껍질을 벗겨 깨끗이 씻어서 손질해 놓고, 마른 고추는 꼭지를 따고 반으로 쪼개서 씨를 털어 낸 다음 물에 깨끗이 씻는다.
4. 양파, 마른 고추, 밥, 새우젓, 마늘, 생강을 분쇄기에 넣고 간다.
5. 얼갈이배추가 잘 절여졌으면 물에 헹구고 물을 갈아 다시 한번 헹군 다음 채반에 건져서 물기를 뺀다.
6. 넓은 그릇에 갈아 놓은 양념과 대파를 섞고 소금을 넣어 간을 맞추어 놓는다.
7. 6의 양념에 물기를 뺀 얼갈이배추를 버무린 다음 통깨를 뿌려 항아리에 담는다.

출처
전라북도 농촌진흥원, 전북의 맛, 1988

나물 – 숙채

토란대나물

재 료

토란대 200g • 대파 35g(1뿌리) • 붉은 고추 15g(1개) • 건새우 30g

양념 다진 마늘 2큰술 • 들기름 2큰술 • 국간장 1큰술 • 소금 2작은술

들깨물 들깻가루 6큰술 • 쌀가루 2큰술 • 물 400mL(2컵)

만드는 법

1. 토란대는 물에 불려서 끓는 물에 데쳐 찬물에 헹궈 둔다.
2. 대파는 채 썰고, 붉은 고추도 반으로 갈라 씨를 뺀 후 채 썬다.
3. 들깻가루와 쌀가루를 섞어 물을 조금씩 넣으며 저어서 들깨물을 만든다.
4. 건새우는 마른 면포로 싼 다음 살살 비벼 수염을 뗀다.
5. 토란대와 건새우를 들기름에 볶다가 들깨물을 넣고 주걱으로 저으면서 끓인다.
6. 토란대가 익으면 나머지 양념 재료를 넣어 간을 맞추고 채 썬 대파와 붉은 고추를 넣어 걸쭉하게 끓인다.

참고사항

들깨와 쌀, 물을 넣고 분쇄기에 갈아서 들깨물을 만들기도 한다.

정보제공자
이춘심, 전라북도 고창군 신리면 법지리

조리시연자
정정희, 전라북도 전주시 덕진구 금암1동

호박오가리나물

재 료

호박오가리 200g(150개) • 대파 35g(1뿌리) • 붉은 고추 15g(1개)

양념 다진 마늘 2큰술 • 들기름 2큰술 • 국간장 1큰술 • 소금 2작은술

들깨물 들깻가루 6큰술 • 쌀가루 2큰술 • 물 400mL(2컵)

만드는 법

1. 호박오가리는 물에 불려서 끓는 물에 넣고 데쳐 찬물에 헹궈 둔다.
2. 대파는 다듬어 채 썰고, 붉은 고추도 반으로 갈라 씨를 뺀 후 채 썬다.
3. 들깻가루와 쌀가루를 섞은 뒤 물 2컵을 조금씩 넣으면서 저어 들깨물을 만든다.
4. 호박오가리를 들기름에 볶다가 들깨물을 넣고 주걱으로 저으면서 끓인다.
5. 익으면 양념을 넣어 간을 맞추고 대파와 붉은 고추를 넣어 걸쭉하게 끓인다.

1

3

4

5

출 처
부안군농업기술센터, 부안 향토음식, 2001

조리시연자
정정희, 전라북도 전주시 덕진구 금암1동

나물 – 숙채

콩나물잡채

방법 1

재료

콩나물 200g • 무 80g • 고사리 80g(½컵) • 당근 80g(½개) • 미나리 50g • 다시마 10g(½장) • 고춧가루 · 소금 약간

양념 식초 4큰술 • 설탕 4큰술 • 다진 마늘 2큰술 • 겨자가루 1큰술 • 소금 1큰술 • 통깨 1큰술

만드는 법

1. 콩나물은 머리와 꼬리를 떼고 끓는 소금물에 넣어 데친다.
2. 무는 곱게 채 썰어(5×0.2×0.2cm) 고춧가루를 약간 넣고 무쳐 색을 들인다.
3. 고사리, 미나리는 5cm 길이로 채 썰고 당근은 곱게 채 썰어(5×0.2×0.2cm) 끓는 소금물에 데친다.
4. 다시마는 불려 5cm 길이로 곱게 채 썬다.
5. 겨자가루에 미지근한 물을 넣어 되직하게 갠 다음 뚜껑을 덮어 따뜻한 곳에 두었다가 발효가 되면 설탕, 식초, 다진 마늘, 소금, 통깨를 넣어 양념을 만든다.
6. 준비한 콩나물, 고사리, 당근, 미나리, 무, 다시마를 양념으로 무친다.

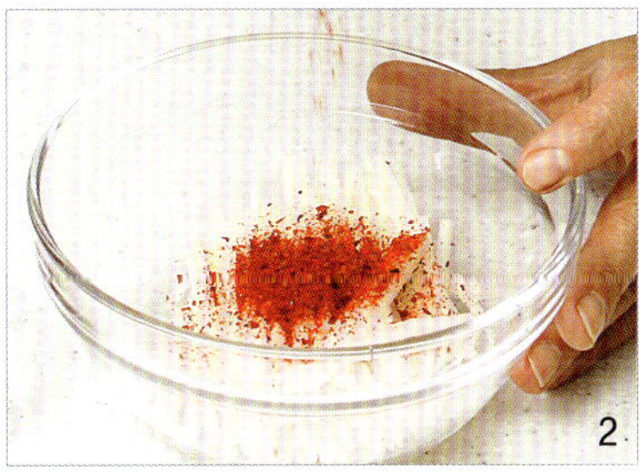

2

3

5

6

참고사항

전라북도 부안의 콩나물잡채가 유명하며, 부안에서는 겨자를 넣고 무친다. 콩나물잡채는 당면 대신에 머리와 꼬리를 뗀 콩나물을 사용하고 고춧가루나 겨자를 넣고 무치지만 두 가지 양념을 동시에 사용하지는 않는다.

조리시연자
정정희, 전라북도 전주시 덕진구 금암1동

방법 2

재 료

콩나물 200g • 무 280g(⅓개) • 고사리 100g(½컵) • 미나리 50g • 다시마 20g(1장) • 건표고버섯 10g(3개) • 잣 ½큰술 • 다진 파 3큰술 • 다진 마늘 2큰술 • 참기름 1큰술 • 소금 약간

양념 겨자가루 1큰술 • 식초 1큰술 • 설탕 1큰술 • 소금 ½작은술 • 간장 약간

만드는 법

1. 콩나물은 머리와 꼬리를 뗀 다음 물을 약간 넣고 소금을 뿌린 후 뚜껑을 덮어 삶아 낸다.
2. 무는 껍질을 벗겨 가늘게 채 썰고(4×0.2×0.2cm), 고사리는 다듬어 4cm 길이로 썬다. 미나리도 깨끗이 다듬어 같은 길이로 썬 다음 각각 끓는 물에 데친다.
3. 다시마는 물에 충분히 불린 후 부드러워지면 가늘게 채 썬다. 건표고버섯은 물에 불려 기둥을 떼고 가늘게 채 썬 다음 참기름을 넣고 무친 후 팬에 볶아 낸다.
4. 겨자가루에 미지근한 물을 약간 넣고 되직하게 갠 후 뚜껑을 덮어 따뜻한 곳에 두었다가 매운맛이 나면 식초, 설탕, 소금, 간장을 넣고 섞어 양념을 만든다.
5. 큰 그릇에 콩나물, 무, 고사리, 미나리, 다시마, 표고버섯, 잣을 넣고 다진 파, 다진 마늘을 섞은 후 양념을 조금씩 넣어 고루 버무린다.

출 처

전라북도 농촌진흥원, 전북의 맛, 1988

농촌진흥청 농촌영양개선연수원(현 농촌자원개발연구소), 한국의 향토음식, 1994

정보제공자

이순옥, 전라북도 순창군 인계면 갑동리

이은실, 전라북도 전주시 완산구 효자동

진복자, 전라북도 김제시 요촌동

나물 – 생채

고수무생채

재 료

고수 · 무 · 고춧가루 · 다진 파 · 다진 마늘 · 깨소금 · 소금 · 설탕 적량

만드는 법

1. 고수는 깨끗이 씻는다.
2. 무는 채 썰어(5×0.2×0.2cm) 소금에 살짝 절인다.
3. 채 썬 무는 물기를 제거한 다음 고춧가루, 다진 파, 다진 마늘, 깨소금, 소금, 설탕을 넣어 무친다.
4. 마지막에 고수를 넣어 버무린다.

참고사항

고수는 호유실, 빈대풀이라고 불리며 주로 절에서 많이 재배한다.

정보제공자
김옥자, 전라북도 장수군 계남면 신전리

나물 – 생채

더덕무침

재 료

더덕 300g(8뿌리)

양념 고추장 2큰술 • 간장 1큰술 • 다진 마늘 2큰술 • 설탕 1작은술 • 꿀 · 물엿 · 실파 · 깨소금 약간

만드는 법

1. 더덕은 껍질을 벗기고 씻어 건져서 물기를 뺀다.
2. 손질한 더덕은 반으로 가른 다음 방망이로 두드려 편평하고 부드럽게 만들어 길이로 찢어 놓는다.
3. 실파는 송송 썰고(0.2cm) 고추장, 간장, 다진 마늘, 설탕, 꿀, 물엿, 깨소금을 섞어 양념을 만든다.
4. 2의 손질한 더덕에 양념을 넣어 무친다.

✻ 참고사항

더덕은 깊은 산에서 자라며 잎은 윤생엽으로 난형이다. 주로 뿌리를 식용으로 하며 더덕구이는 일미이다. 잎이나 줄기에 상처를 내면 우윳빛의 즙이 나오며 특유의 향이 강하게 난다. 또한 더덕은 사삼이라 하며 몸에 좋은 것으로 알려져 있다.

정보제공자
이순녀, 전라북도 장수군 장계면 삼봉리

나물 – 숙채

가죽잎초무침

재 료

가죽잎 300g • 참기름 약간

양념 고추장 2큰술 • 식초 1큰술 • 물엿 1큰술 • 깨소금 1큰술 • 다진 파 1작은술 • 다진 마늘 1작은술 • 소금 약간

만드는 법

1. 가죽잎은 씻어서 끓는 물에 데친 다음 찬물에 헹궈 물기를 제거한 후 적당한 크기로 썬다.
3. 고추장, 식초, 물엿, 깨소금, 다진 파, 다진 마늘, 소금을 섞어 양념을 만든다.
4. 가죽잎에 양념을 넣고 버무린다.

참고사항

가죽잎은 향기가 날 정도의 어린 순을 송이째 딴다.

정보제공자
나현숙, 전라북도 고창군 고창읍 내동리

나물 – 숙채

갯나물(세발나물)

재 료

갯나물 300g

양념 된장 1큰술 • 간장 1작은술 • 다진 파 · 다진 마늘 · 참기름 · 깨소금 · 설탕 약간

만드는 법

1. 갯나물은 뿌리째 깨끗하게 씻은 다음 끓는 물에 소금을 넣고 데쳐 찬물에 여러 번 헹궈 물기를 짠다.
2. 분량의 재료를 섞어 양념을 만들고 갯나물을 넣어 양념이 잘 배도록 조물조물 무친다.

출 처
부안군농업기술센터, 부안 향토음식, 2001

니물 – 숙채

고사리나물

재 료

고사리 · 간장 · 다진 파 · 다진 마늘 · 들깻가루 · 쌀가루 · 소금 · 식용유 적량

만드는 법

1. 고사리는 물에 불려 놓은 다음 적당한 길이로 썬다.
2. 냄비에 식용유를 두르고 고사리, 간장, 다진 파, 다진 마늘을 넣고 볶다가 들깻가루와 쌀가루를 섞어 풀어 놓은 물을 넣고 끓이면서 소금으로 간을 맞춘다.

참고사항

전라북도에서 정월 대보름에 먹는 묵은 나물들에는 들깨물을 넣고 끓여 먹는다.

정보제공자

이영란, 전라북도 전주시 덕진구 서신동
정길순, 전라북도 김제시 신동리

고문헌

시의전서(고사리나물)

나물 – 숙채

나문재나물(나무재나물, 함초나물)

재 료

나문재 · 된장 · 고추장 · 다진 마늘 · 참기름 · 깨소금 적량

만드는 법

1. 나문재는 끓는 물에 소금을 넣고 삶아 물기를 꼭 짠다.
2. 준비된 나문재에 된장, 고추장, 다진 마늘, 참기름, 깨소금을 넣어 무친다.

정보제공자

박성임, 전라북도 부안군 부안읍 외하리

나물 – 숙채

뜸부기나물

재 료

뜸부기 · 쌀가루 · 들깻가루 · 다진 마늘 · 실파 · 소금 · 물 적량

만드는 법

1. 말린 뜸부기의 딱딱한 부분을 잘라 내고 잘 씻어 물에 불려 놓는다.
2. 불려 놓은 뜸부기에 다진 마늘, 송송 썬 실파, 소금을 넣고 무쳐 둔다.
3. 쌀가루와 들깻가루를 섞어 물에 풀고 2의 뜸부기에 넣어 자작해질 때까지 끓인다.

참고사항

전북의 일부 지역에서는 뜸부기나물이 없으면 제사를 못 지낸다고 할 만큼 중요한 나물이다. 뜸부기나물은 양념하여 팬에 식용유를 두르고 볶아 먹기도 하고 쌀가루와 들깻가루 대신에 밀가루를 물에 개어 넣고 끓이기도 한다.

정보제공자
김정숙, 전라북도 김제시 검산동

나물 – 숙채

민들레나물

재 료

민들레순 100g • 된장 1큰술 • 고추장 1큰술 • 깨소금 1작은술 • 참기름 1작은술

만드는 법

1. 민들레순은 뜨거운 물에 데쳐 물기를 꼭 짠다.
2. 데친 민들레순에 된장, 고추장, 깨소금, 참기름을 넣어 버무린다.

참고사항

민들레순은 초봄에 채취한다.

정보제공자
송경옥, 전라북도 임실군 신덕면 오궁리

나물 숙채

박나물

재 료

박고지 100g • 들깨물 5컵 • 다진 파 ⅓큰술 • 다진 마늘 ⅓큰술 • 국간장 · 깨소금 약간

만드는 법

1. 박고지는 물에 불려 적당한 크기로 썰고 들깨물을 부어 끓인다.
2. 다진 파, 다진 마늘, 국간장, 깨소금을 넣어 양념한다.

참고사항

박의 원산지는 인도로부터 아프리카에 이르는 열대 지방으로서 『삼국사기』의 신라 건국담에 박에 관한 기록이 있으며, 우리나라에서는 선사시대 이래 이용하였던 것으로 추정된다.

정보제공자
이효순, 전라북도 남원시 주생면 도산리

고문헌
증보산림경제(박나물), 시의전서(박나물), 조선요리제법(박나물), 조선무쌍신식요리제법(박나물)

나물 – 숙채

솔버섯집나물

재 료

솔버섯 · 들깻가루 · 쌀가루 · 물 · 다진 마늘 · 소금 적량

만드는 법

1. 솔버섯은 삶아서 물에 하루 동안 담근 다음 깨끗이 씻어 채반에 건져 물기를 뺀다.
2. 솔버섯에 들깻가루, 쌀가루를 섞은 물을 잘박할 정도로 부어 푹 끓인 다음 다진 마늘, 소금으로 양념한다.

참고사항

솔버섯은 소나무가 있는 야산에서 야생하는 것으로 맛이 담백하고 좋다. 보통 7월에 채취한다.

정보제공자
이춘심, 전라북도 고창군 신리면 법지리

나물 – 숙채

싸리버섯애호박볶음

재 료

싸리버섯 · 애호박 · 건새우 · 풋고추 · 붉은 고추 · 다진 파 · 다진 마늘 · 소금 · 통깨 · 참기름 적량

만드는 법

1. 싸리버섯에 소금을 약간 넣어 숨이 죽으면 깨끗이 씻어 두고, 애호박은 납작하게 썰어 소금에 살짝 절인다.
2. 팬에 참기름을 두르고 애호박을 볶은 다음 싸리버섯, 건새우, 어슷썬 풋고추와 붉은 고추, 다진 파, 다진 마늘을 함께 넣어 볶는다.
3. 소금으로 간을 하고 통깨를 뿌린다.

정보제공자
배선이, 전라북도 장수군 번암면 노단리

나물 – 숙채

옻나무순무침

재 료

옻나무순 500g • 고추장 · 식초 · 설탕 적량

만드는 법

1. 옻나무순은 끓는 물에 데쳐 찬물에 헹구고 물기를 뺀다.
2. 고추장, 식초, 설탕을 섞은 다음 데친 옻나무순을 넣어 무친다.

참고사항

봄에 입맛을 돋우는 음식으로 좋다.

출 처
농촌진흥청 농촌영양개선연수원(현 농촌자원개발연구소), 한국의 향토음식, 1994
전라북도 농촌진흥원, 전북음식, 1996

나물　기타

도토리묵나물

재 료

마른 도토리묵 · 간장 · 다진 파 · 다진 마늘 · 물엿 · 통깨 · 식용유 · 실고추 적량

만드는 법

1. 마른 도토리묵은 삶아서 물에 불린 다음 간장, 다진 파, 다진 마늘, 물엿, 통깨를 넣고 식용유에 볶는다.
2. 마지막에 실고추를 넣는다.

참고사항

도토리묵은 넓적하게 썰어서 채반에 말린다. 꾸덕꾸덕하게 마르면 굵직하게 채를 썰어 말려 놓는다.

정보제공자
유금선, 전라북도 장수군 장수읍 장수리

나물 – 기타

죽순초무침

재 료

죽순 적량

양념 고추장 · 식초 · 설탕 · 다진 파 · 다진 마늘 · 통깨 적량

만드는 법

죽순은 삶아 적당한 크기로 썬 다음 양념을 넣어 무친다.

참고사항

오징어, 골뱅이 등과 같이 무쳐도 좋다.

정보제공자
이정희, 전라북도 장수군 산서면 백운리

구이

풍천장어구이

재 료

장어 1kg

양념장 장어육수 200mL(1컵) • 간장 3큰술 • 찹쌀고추장 3큰술 • 설탕 2큰술 • 물엿 2큰술 • 생강즙 2큰술 • 마늘 30g(1통) • 청주 2작은술 • 통계피 약간

만드는 법

장어 손질하기

1. 장어의 머리 부분을 고정시킨 후 머리의 아래 부분부터 칼을 넣어 배를 갈라 내장을 뺀 뒤 뼈와 머리 부분을 잘라 낸다.

양념장 만들기

2. 장어의 뼈와 머리를 푹 고아서 체에 걸러 장어육수를 만든다.
3. 장어육수에 간장, 찹쌀고추장, 설탕, 물엿, 생강즙, 마늘, 통계피를 넣어 푹 끓인 다음 청주를 넣어 섞는다.

굽 기

4. 숯불에 석쇠를 올려 달군 다음 장어를 올리고 양념장을 바르지 않은 상태에서 거의 익을 때까지 굽는다.
5. 양념장을 바르고 기름이 끓어오를 때까지 구워 3cm 길이로 썬다.

4

5

6

6

❖ 참고사항

고창 선운산 입구의 인천강은 긴 거리에 바닷물의 영향이 미치기 때문에 뱀장어의 이동 통로 적지이다. 인천강 기소역의 감조 구간이 10km 이상의 긴 거리에 걸쳐 있어 뱀장어의 체질변화 훈련장으로 아주 적당하기 때문이다. 가까이에 있는 염전으로 이곳 바닷물의 염도가 높아 뱀장어의 맛이 더욱 좋으며 풍부한 갯벌의 영양과 담수의 교차로 뱀장어 서식지로 최적이다.

출 처
농촌진흥청 농촌영양개선연수원(현 농촌자원개발연구소), 한국의 향토음식, 1994

정보제공자
정순례, 전라북도 고창군 신리면 자포리

조리시연자
정정희, 전라북도 전주시 덕진구 금암1동

구 이

갈비구이(생갈비구이)

재 료

소갈비 · 상추 · 풋고추 · 마늘 · 참기름 · 소금 적량

만드는 법

1. 갈비는 기름덩어리를 떼어 내고 7cm 정도의 너비로 토막 낸다.
2. 토막 낸 갈비에 잔 칼집을 넣은 후 참기름을 발라 재워 둔다.
3. 달군 석쇠나 팬에 2의 갈비를 넣어 앞뒤로 노릇하게 굽는다.
4. 상추는 깨끗이 씻어 물기를 빼고, 풋고추는 어슷썰며(0.3cm), 마늘은 얇게 편으로 썬다.
5. 참기름에 소금을 넣어 섞은 기름장과 상추, 풋고추, 마늘을 곁들인다.

정보제공자
지연분, 전라북도 익산시 황등면

대합구이

재 료

대합 600g(12개) • 쇠고기 100g • 두부 170g(⅓모) • 달걀 50g(1개) • 밀가루 2큰술

양념 다진 파 3큰술 • 다진 마늘 1큰술 • 간장 ½큰술 • 설탕 1작은술 • 깨소금 1큰술 • 참기름 1큰술 • 소금 약간

만드는 법

1. 대합은 껍데기를 벌려 살을 도려 내어 살살 씻어 놓고 껍데기도 깨끗이 씻어 둔다.
2. 대합살을 살짝 볶아서 반숙이 되도록 한 후 잘게 다진다.
3. 쇠고기는 곱게 다지고 두부는 물기를 꼭 짜서 곱게 으깨어 함께 섞는다.
4. 3에 대합살과 양념을 넣어 고루 섞는다.
5. 대합껍데기 속에 4의 재료를 꼭꼭 채운 다음 그 위에 밀가루, 달걀물을 묻혀 식용유를 두른 팬에 지진 다음 석쇠에 올려 굽는다.

출 처
전라북도 농촌진흥원, 전북의 맛, 1988

고문헌
음식디미방(대합)

다슬기조림(대수리조림)

방법 1

재 료

다슬기 400g • 된장 1작은술 • 간장 75g($\frac{1}{3}$컵) • 대파 20g($\frac{1}{2}$뿌리) • 마늘 20g(5쪽)

만드는 법

1. 다슬기는 하룻밤 정도 물에 담가 해감을 뺀다.
2. 끓는 물에 된장을 풀고 다슬기를 넣어 데친 다음 체에 걸러 국물을 받아 둔다.
3. 대파는 2cm 두께로 어슷썰고, 마늘은 편으로 썬다.
4. 받아 놓은 다슬기물에 데친 다슬기, 간장, 대파, 마늘편을 넣고 조린다.

방법 2

재 료

다슬기 · 물 · 간장 · 국간장 · 된장 · 마늘 · 설탕 · 물엿 · 생강 · 깨소금 적량

만드는 법

1. 해감을 뺀 다슬기는 깨끗이 씻어서 채반에 담아 물기를 빼 놓는다.
2. 물에 간장, 국간장, 된장, 마늘, 설탕, 물엿, 생강을 넣고 끓인 후 다슬기를 넣어 조린다.
3. 국물이 자작해지면 깨소금을 뿌린다.

정보제공자
김순옥, 전라북도 진안군 마령면 계서리
유정금, 전라북도 임실군 신평면 호암리

조리시연자
정정희, 전라북도 전주시 덕진구 금암1동

조림 · 지짐이

돼지고기장조림(돼지고기자장)

재 료

돼지고기(뒷다리살) · 메추리알 · 마늘 · 된장 · 청주 · 간장 · 물 · 설탕 적량

만드는 법

1. 돼지고기(뒷다리살)는 적당한 크기로 썰어 냄비에 물을 붓고 된장, 청주를 넣어 삶는다.
2. 삶은 돼지고기에 삶아서 깐 메추리알, 마늘, 간장, 물, 설탕을 넣고 조린다.

정보제공자
정귀순, 전라북도 장수군 장수읍 장수리

조림 · 지짐이

장조림(자장)

재 료

쇠고기(홍두깨살) 600g • 마늘 90g(3통) • 풋고추 45g(3개) • 물 1L(5컵) • 간장 230g(1컵) • 설탕 3큰술

만드는 법

1. 쇠고기(홍두깨살)는 핏물을 뺀 다음 적당한 크기로 썰어 물을 붓고 푹 삶는다.
2. 삶은 쇠고기에 간장, 설탕을 넣고 고기가 잠길 정도로 물을 부어 끓이다가 마늘과 풋고추를 넣고 끓인다.

정보제공자
한은주, 전라북도 전주시 평화동

고문헌
시의전서(약산적조림), 조선요리제법(장조림), 조선무쌍신식요리제법(장조림)

조림 · 지짐이

마늘종조림

재 료

마늘종 400g • 간장 4큰술 • 물엿 4큰술 • 물 4큰술 • 식용유 2큰술 • 깨소금 약간

만드는 법

1. 마늘종은 깨끗이 씻어 물기를 없앤 뒤 5cm 길이로 썬다.
2. 달군 팬에 식용유를 두르고 마늘종을 볶다가 간장과 물엿, 물을 넣고 뒤적이면서 서서히 조린다.
3. 물기 없이 조려지면 깨소금을 뿌린다.

정보제공자
이수진, 전라북도 고창군 공음면

조림 · 지짐이

무조림(무시왁저기)

재 료

무 · 멸치 · 쌀뜨물 · 국간장 · 고춧가루 · 다진 파 · 다진 마늘 적량

만드는 법

1. 무는 크고 두껍게 썰어 국간장과 고춧가루로 버무려 놓는다.
2. 큰 냄비에 무, 멸치순으로 겹겹이 넣은 다음 쌀뜨물을 잠기도록 붓고 끓인다.
3. 한소끔 끓으면 국간장, 다진 파, 다진 마늘을 넣고 약한 불에서 오래 끓인다.

참고사항
멸치 대신에 비리지 않은 생선을 넣어도 된다.

정보제공자
이향분, 전라북도 고창군 고창읍

전 · 적

풋마늘갑오징어산적

재료

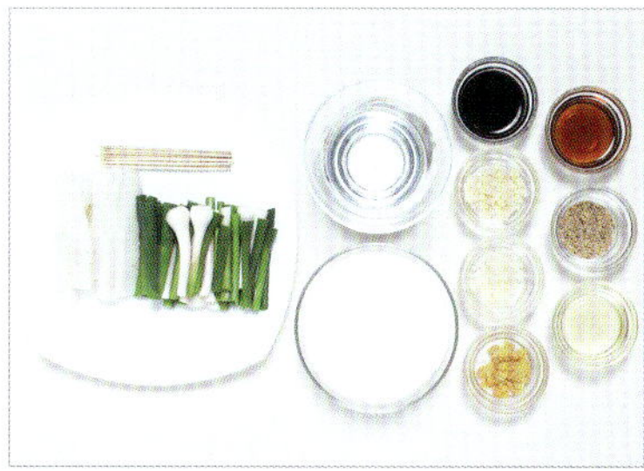

풋마늘 10뿌리 • 갑오징어 800g(3마리) • 밀가루 55g(½컵) • 물 100mL(½컵) • 꼬치 10개 • 식용유 적량

양념장 간장 2큰술 • 다진 파 2작은술 • 다진 마늘 1작은술 • 참기름 1큰술 • 깨소금 2작은술 • 생강즙 ½작은술

만드는 법

1. 풋마늘은 껍질을 벗겨 8~9cm 길이로 썬다.
2. 갑오징어는 뼈와 먹물을 빼고 껍질을 벗긴 후 깨끗이 씻어 반으로 썬 다음 칼집을 넣고 2cm 너비로 썬다.
3. 풋마늘과 오징어를 번갈아가며 꼬치에 꿰어 밀가루를 묻힌다.
4. 밀가루에 물을 부어 개어 놓는다.
5. 팬에 식용유를 두르고 꼬치에 밀가루 갠 것을 숟가락으로 발라 가며 굽는다.
6. 분량의 재료로 양념을 만들어 5의 산적에 바른다.

2

3

5

6

조리시연자
정정희, 전라북도 전주시 덕진구 금암1동

부추전(솔전)

재료

부추 200g • 밀가루 220g(2컵) • 달걀 50g(1개) • 풋고추 15g(1개) • 물 1컵 • 식용유 적량 • 소금 약간

만드는 법

1. 부추는 깨끗이 다듬어 씻은 뒤 3~4cm 길이로 썰고 풋고추는 가늘게 채 썬다(4×0.2×0.2cm).
2. 밀가루, 물, 달걀을 섞어 반죽한 다음 부추와 고추를 넣고 소금으로 간하여 고루 섞는다.
3. 팬에 식용유를 두르고 반죽을 한 국자씩 떠 넣어 얇고 노릇노릇하게 부친다.

정보제공자
김옥주, 전라북도 부안군 주산면 갈촌리
성화순, 전라북도 임실군 임실읍 장재리
오난자, 전라북도 김제시 검산동
한서순, 전라북도 부안군 진서면

전 · 적

고구마전

재 료

고구마 · 밀가루 · 달걀 · 쑥갓 · 풋고추 · 식용유 · 소금 적량

만드는 법

1. 고구마를 씻은 다음 얇게 썰어 끓는 물에 살짝 데친다.
2. 달걀은 소금을 약간 넣고 흰자와 노른자가 잘 섞이도록 풀어 놓는다.
3. 쑥갓은 씻어 물기를 빼 잎을 떼어 놓고, 풋고추는 어슷썰어 둔다.
4. 데친 고구마는 한 김 식으면 표면에 밀가루를 얇게 묻히고 한쪽 면에 쑥갓잎과 어슷썬 풋고추를 올려 장식한다.
5. 달군 팬에 식용유를 두르고 4에 달걀옷을 입혀 노릇노릇하게 지진다.

출 처
순창군농업기술센터, 순창의 맛 장독대, 2005

전 · 적

고추전

재 료

풋고추 70g(5개) • 밀가루 110g(1컵) • 다진 마늘 1큰술 • 국간장 적량

만드는 법

1. 풋고추는 씻어 곱게 다진 다음 밀가루, 다진 마늘, 국간장을 넣어 반죽한다.
2. 달군 팬에 식용유를 두르고 반죽을 한 숟가락씩 떠 넣어 얇게 전을 부친다.

정보제공자
양방지, 전라북도 장수군 장수읍 장수리

전 · 적

김치전

재료

묵은 김치 400g • 바지락 80g(26개) • 밀가루 35g(1/3컵) • 식용유 적량 • 소금 약간

만드는 법

1. 묵은 김치는 송송 썰어 준비한다.
2. 바지락은 소금물에 담가 해감을 뺀 다음 깨끗이 씻고 살만 잘게 썰어 준비한다.
3. 밀가루에 김치와 바지락살을 넣어 반죽한 다음 팬에 식용유를 두르고 한 국자씩 떠 넣어 지진다.

정보제공자
황무분, 전라북도 부안군 백산면 용계리

전 · 적

다시마전

재료

다시마 · 밀가루 · 달걀 · 식용유 적량

양념 국간장 · 다진 파 · 다진 마늘 · 깨소금 적량

만드는 법

1. 다시마는 깨끗이 손질한 후 불려서 적당한 크기로 썬다.
2. 국간장에 다진 파, 다진 마늘, 깨소금을 넣어 양념을 만들고 여기에 다시마를 잠깐 담가 둔다.
3. 2의 다시마에 밀가루를 묻히고 달걀물을 입혀 팬에 식용유를 두르고 노릇하게 지진다.

정보제공자
김영숙, 전라북도 전주시 완산구 석구동

전 · 적

무전(무부치개)

재 료

무 · 초간장 · 식용유 적량

밀가루 반죽 밀가루 110g(1컵) • 물 100mL(½컵) • 달걀 50g(1개) • 다진 파 · 다진 마늘 적량

만드는 법

1. 무는 납작하게 썰어(5×5×0.3cm) 썰어 끓는 물에 살짝 익힌다.
2. 밀가루에 물, 달걀, 다진 파와 마늘을 넣어 밀가루 반죽을 만들어 놓는다.
3. 무에 밀가루 반죽을 묻혀 팬에 식용유를 두르고 부쳐 낸 다음 초간장을 곁들인다.

정보제공자
박종남, 전라북도 장수군 장계면 삼봉리

전 · 적

쇠고기전

재 료

쇠고기 300g • 밀가루 · 달걀 · 식용유 적량

양념 간장 2큰술 • 설탕 1큰술 • 참기름 1큰술 • 깨소금 1큰술 • 다진 파 · 다진 마늘 · 후춧가루 약간

만드는 법

1. 쇠고기는 얇게 저며서 잔 칼집을 넣어 분량의 양념에 재워 둔다.
2. 고기에 간이 배면 밀가루를 묻히고 달걀물에 담갔다가 팬에 식용유를 두르고 타지 않게 부친다.

정보제공자
김주희, 전라북도 전주시 덕진구 송천동

고문헌
시의전서(고기전), 조선무쌍신식요리제법(육전유어 : 肉煎油魚)

전 · 적

쑥밀전병(쑥부치개)

재 료

쑥 · 밀가루 · 달걀 · 물 · 소금 · 식용유 적량

만드는 법

1. 쑥은 잘 다듬어 깨끗이 씻는다.
2. 밀가루, 달걀, 물, 소금을 섞어서 밀가루 반죽을 만든다.
3. 쑥에 밀가루 반죽을 묻혀 팬에 식용유를 두르고 노릇하게 부친다.

정보제공자
유순애, 전라북도 순창군

전 · 적

옻순부침

재 료

옻순(옻나물) · 밀가루 · 물 · 소금 · 다진 마늘 · 식용유 적량

만드는 법

1. 밀가루에 물, 소금, 다진 마늘을 넣어 반죽을 묽게 만들어 놓는다.
2. 옻순을 잘 씻은 다음 밀가루 반죽을 묻혀 팬에 식용유를 두르고 노릇하게 부친다.

정보제공자
노성남, 전라북도 장수군 번암면

전 · 적

양하산적(양애산적)

재 료

양하 10개 • 쇠고기 200g • 실파 20뿌리 • 당근 150g(1개) • 간장 2큰술 • 다진 마늘 1½큰술 • 참기름 ½작은술 • 설탕 ⅓작은술 • 식용유 2큰술 • 소금 약간

만드는 법

1. 양하는 껍질을 벗기고 깨끗이 씻어 큰 것은 반으로 썰고 작은 것은 그대로 사용한다.
2. 쇠고기는 결과 반대 방향으로 납작하게 썬다(7×1×1cm).
3. 실파는 뿌리를 자르고 다듬어 깨끗이 씻은 다음 5cm 길이로 썬다.
4. 당근은 1cm 두께로 썰어 끓는 물에 소금을 넣고 반 정도만 익도록 삶아서 식힌 후 길이 5cm, 너비 1cm로 썬다.
5. 쇠고기를 간장, 다진 마늘, 참기름, 설탕으로 양념한 다음 양하, 실파, 당근을 섞는다.
6. 꼬치에 양하, 실파, 당근, 고기순으로 끼운 다음 달군 팬에 식용유를 두르고 꼬치를 놓아 앞뒤로 지진다.

출 처
전라북도 농촌진흥원, 전북의 맛, 1988

전 · 적

양하전

재 료

양하 200g • 밀가루 55g(½컵) • 풋고추 30g(2개) • 물 70mL(⅓컵) • 식용유 적량 • 소금 약간

만드는 법

1. 양하는 겉껍질을 벗겨 채 썰고 풋고추도 깨끗이 씻어서 가늘게 채 썬다.
2. 밀가루에 물과 소금을 넣고 반죽하여 준비해 둔 양하와 풋고추를 넣고 섞는다.
3. 달군 팬에 식용유를 두르고 반죽을 떠 놓아 지진다.

참고사항
양하와 돼지고기는 잘 어울려서 돼지고기를 양념하여 함께 넣고 부치면 더 맛이 있다.

정보제공자
정지용, 전라북도 전주시 완산구 중화산동

찜 · 선

붕어찜

재료

붕어 1kg • 시래기 200g • 무 200g • 감자 150g(1개) • 된장 1큰술 • 대파 20g(½뿌리) • 풋고추 15g(1개) • 붉은 고추 15g(1개) • 물 적량 • 소금 · 청주 약간

양념장 간장 4큰술 • 고추장 1큰술 • 고춧가루 1큰술 • 다진 마늘 4큰술 • 다진 생강 1큰술 • 물엿 1작은술 • 통깨 1작은술 • 식초 1작은술 • 청주 2작은술 • 후춧가루 약간

만드는 법

1. 붕어는 비늘과 내장을 제거하고 깨끗이 씻어 소금과 청주를 뿌려 놓는다.
2. 시래기는 삶아 된장으로 무친다.
3. 무, 감자는 1cm 두께로 썰고 대파, 풋고추, 붉은 고추는 어슷하게 썬다(0.3cm).
4. 냄비에 시래기를 깔고 그 위에 무, 감자를 올리고 붕어를 넣은 다음 물을 부어 끓인다.
5. 분량의 양념장을 넣어 2~3회 정도 끼얹어 주면서 계속 끓인다.
6. 5가 다 익으면 어슷썬 대파와 풋고추, 붉은 고추를 넣는다.

1

2

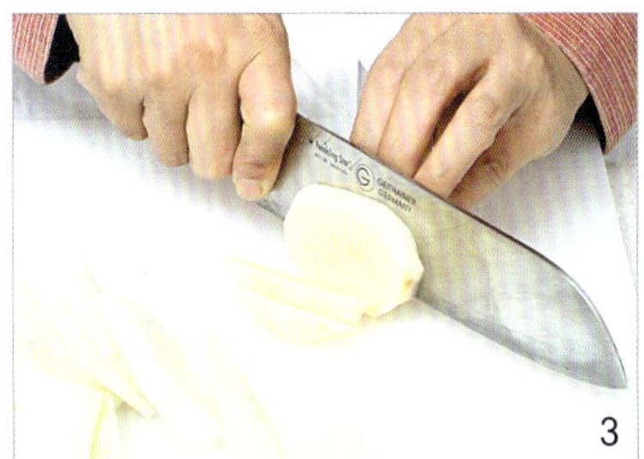

3

5

조리시연자
정정희, 전라북도 전주시 덕진구 금암1동

애저찜(진안애저)

재 료

새끼 돼지 4kg(1마리) • 전피 500g • 인삼 5뿌리 • 마늘 300g(10통) • 생강 200g • 청주 100g(½컵) • 밤(깐 것) 100g(⅔컵) • 은행 100g(⅔컵) • 대추 80g(33개) • 양파 160g(1개) • 대파 70g(2뿌리) • 물 · 초고추장 적량

만드는 법

1. 새끼 돼지를 찬물에 1~2시간 담가서 핏물을 제거한다.
2. 돼지가 잠길 정도로 물을 부어 전피, 인삼, 마늘, 생강, 청주를 넣어 2시간 정도 삶는다.
3. 다 삶아지면 밤, 은행, 대추, 양파, 대파를 넣어 한 번 더 끓인다.

1

2

3

참고사항

- 고기가 귀한 시절에 어미돼지가 출산할 때 잘못된 새끼돼지를 푹 쪄서 먹은 것으로부터 유래했다.
- 생후 1개월 미만의 어미젖을 떼기 직전 사료를 먹이지 않은 새끼돼지를 이용한다.
- 깨끗이 손질한 새끼돼지를 4~6토막을 내어 2시간가량 푹 쪄서 먹기도 한다.

정보제공자
김영춘, 전라북도 진안군 진안읍 조상리
이옥례, 전라북도 진안군 진안읍 당양리
장화순, 전라북도 진안군 진안읍 군내리

조리시연자
정정희, 전라북도 전주시 덕진구 금암1동

고문헌
시의전서(아저찜 : 兒猪찜), 조선무쌍신식요리제법(아저증 : 兒猪蒸)

찜 · 선

홍어찜

재료

홍어 1kg • 콩나물 80g • 미나리 60g • 부추 30g • 달걀 50g(1개) • 붉은 고추 15g(1개) • 풋고추 15g(1개) • 석이버섯 · 잣 적량 • 소금 · 청주 약간

양념장 간장 3큰술 • 고춧가루 2작은술 • 다진 실파 2작은술 • 다진 마늘 1작은술 • 통깨 · 참기름 약간

만드는 법

1. 작은 크기의 홍어는 통째로 쓰고 중간 크기 이상은 토막을 내고 간이 잘 배도록 칼집을 넣고 소금과 청주를 뿌려 놓는다.
2. 1의 홍어를 김이 오른 찜솥에 넣고 찐다.
3. 콩나물은 머리와 꼬리를 제거하고 부추와 미나리는 5cm 길이로 썬다.
4. 콩나물, 부추와 미나리는 끓는 물에 소금을 약간 넣고 데친다.
5. 달걀은 황백지단으로 부쳐 3cm 길이로 채 썬다.
6. 붉은 고추, 풋고추는 3cm 길이로 채 썰고, 석이버섯은 물에 불려 채 썬다.
7. 찐 홍어에 데친 채소, 황백지단, 고추채, 석이버섯을 얹고 양념장을 곁들인다.

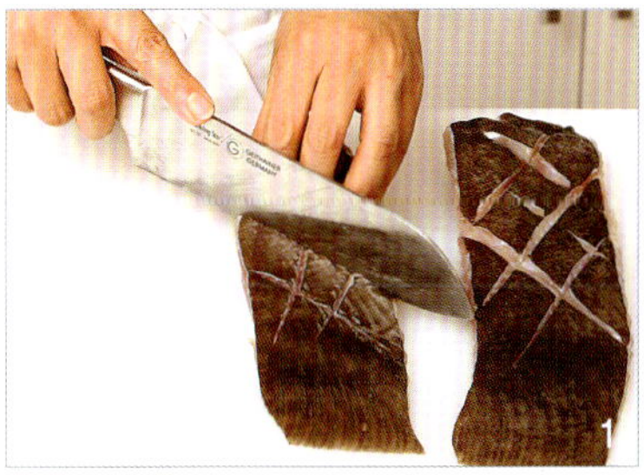

❁ 참고사항

홍어에 분량의 양념장을 끼얹어 채소와 함께 쪄내기도 한다.

조리시연자
정정희, 전라북도 전주시 덕진구 금암1동

대합찜 (생합찜)

방법 1

재료

대합(생합) 2kg(30개) • 두부 170g($\frac{1}{3}$모) • 쇠고기 50g • 달걀 200g(4개) • 석이버섯 5g(5개) • 붉은 고추 60g(4개) • 풋고추 60g(4개) • 밀가루 2큰술

양념 간장 $\frac{1}{2}$큰술 • 다진 파 · 다진 마늘 · 설탕 · 깨소금 적량 • 참기름 약간

만드는 법

1. 대합을 소금물에 담가서 해감을 빼고 깨끗이 씻는다.
2. 대합살을 껍데기에서 깨끗이 떼어 낸 다음 대합살, 두부, 쇠고기를 다져서 분량의 양념을 넣고 버무린다.
3. 대합껍데기를 깨끗이 손질하여 물기를 뺀 다음 2를 껍데기 속에 채워 넣은 후 그 위에 밀가루를 뿌리고 달걀노른자(1개)를 풀어서 바른 후 찜솥에 넣고 찐다.
4. 나머지 달걀은 삶은 다음 흰자, 노른자로 나누어 고운체에 내려 가루로 만들고 석이버섯, 붉은 고추, 풋고추는 곱게 다져 놓는다.
5. 3에 4의 고명을 색깔별로 예쁘게 뿌려서 담아 낸다.

출처
농촌진흥청, 향토음식, www2.rda.go.kr/food/, 2006

조리시연자
정정희, 전라북도 전주시 덕진구 금암1동

방법 2

재 료

대합 160g(대 3개) • 전복살 40g(½마리) • 새우살 30g(¼컵) • 쇠고기 30g • 두부 50g • 달걀 50g(1개) • 풋고추 10g(⅔개) • 붉은 고추 10g(⅔개) • 양파 10g • 전분 · 식용유 적량

양념 간장 1작은술 • 다진 마늘 1작은술 • 참기름 1작은술 • 다진 파 · 후춧가루 · 깨소금 약간

만드는 법

1. 대합은 깨끗이 씻어서 소금물에 담가 해감을 뺀다.
2. 냄비에 대합을 넣고 불에 올려 껍데기가 벌어지면 살만 발라 내고 껍데기는 깨끗이 씻어 놓는다.
3. 대합살, 전복살, 새우살, 쇠고기는 잘게 다지고 두부는 칼등으로 눌러 으깬 후 한 데 섞는다.
4. 풋고추, 붉은 고추, 양파는 다진 다음 3의 재료와 섞어 분량의 양념을 넣고 섞는다.
5. 깨끗이 씻은 대합껍데기 안쪽에 식용유를 얇게 바른 후 4를 채운 다음 위에 전분을 얇게 묻힌 후 풀어 놓은 달걀을 바르고 달군 팬에 식용유를 두르고 지진다.

❋ 참고사항

대합에 쇠고기와 버섯 등을 섞어 조개껍데기에 담아 찐 것으로 조개가 맛있는 봄 · 가을에 어울리는 음식이다. 『증보산림경제』에는 대합증, 『우리 음식』, 『세계의 가정요리』, 『한국음식』, 『한국의 전통음식』에는 대합찜으로 기록되어 있다. 또한 『산림경제』에는 '대합으로 회를 뜨거나 국을 끓이지 않고 말린 조갯살을 밥 위에 놓고 쪄 먹어도 좋다. 생합으로 젓도 담근다' 고 대합의 조리방법을 소개하고 있다. 대합찜은 잔치 상차림에 빼놓지 않고 올렸다고 한다.

정보제공자
전현례, 전라북도 군산시 성산면 고봉리

고산참붕어찜

재료

참붕어 · 무청시래기 · 고추 · 대파 · 인삼 · 대추 · 양파 · 무 적량

양념장 고추장 · 고춧가루 · 다진 마늘 · 다진 생강 · 들기름 · 감초 · 물 적량

시래기 양념 고추장 · 고춧가루 적량

콩물 콩 · 물 적량

만드는 법

1. 무청시래기는 삶아서 씻은 다음 꼭 짜서 물기를 제거하고 고추장과 고춧가루로 무쳐 놓는다.
2. 붕어는 비늘을 긁어 내고 배를 갈라 내장을 제거하여 깨끗이 씻은 다음 찜통에 넣고 살짝 찐다.
3. 감초 끓인 물과 나머지 재료들을 모두 넣어서 양념장을 만든다.
4. 고추, 대파, 인삼은 어슷썰고(0.3cm), 대추와 양파는 0.5cm 너비로 채 썬다. 무는 납작하게 썬다.
5. 냄비에 무를 몇 조각 깐 다음 1의 양념한 무청을 얹고 그 위에 2의 찐 붕어를 넣어 양념장을 골고루 끼얹는다.
6. 분쇄기로 갈아 놓은 콩을 약간의 물과 섞어서 부은 다음 끓기 시작하면 불을 줄여서 은근히 조린다. 고추, 대파, 인삼, 대추, 양파를 얹어 살짝 익힌다.

참고사항

천렵이 한창인 늦봄에서 초여름에 냇가나 강에서 가장 흔히 잡히는 것이 '붕어'이며 '부어' 또는 '즉어'라고도 한다. 옛 음식 책에는 붕어구이와 붕어찜 조리법이 많이 나오는데, 『시의전서』에 나오는 방법을 살펴보면 '큰 붕어는 비늘을 긁고 칼로 등마루를 째서 속을 내 버리고 어만두 소처럼 만들어 배 속에 넣고 좋은 초 두 술을 붓는다. 생선 주둥이 가운데 조그만 백반 조각을 넣는다. 생선을 잘라 구멍난 데에 전분을 묻히고 실로 동여매어 노구에 물을 조금 붓고 기름장에 뭉근한 불로 끓이되 밀가루와 달걀을 풀어 넣는다'고 하였다.

정보제공자

김현순, 전라북도 남원시 인월면
나현숙, 전라북도 고창군 고창읍 내동리
남궁영애, 전라북도 익산시 목천동
유미자, 전라북도 완주군 고산면 서봉리
정경애, 전라북도 정읍시 산내면 능교리
정해금, 전라북도 전주시 삼천동

고문헌

식료찬요(붕어찜), 음식디미방(붕어찜), 주방문(붕어찜), 규합총서(붕어찜), 시의전서(붕어찜), 부인필지(붕어찜), 조선요리제법(붕어찜), 조선무쌍신식요리제법(부어찜 : 鮒魚찜)

갈비찜

재 료

소갈비 1kg • 양파 160g(1개) • 배 190g(½개)

양념장 간장 1컵 • 다진 파 4큰술 • 다진 마늘 2큰술 • 참기름 2작은술

만드는 법

1. 소갈비는 5cm 정도로 토막을 내어서 찬물에 담가 핏물을 빼고 기름기를 제거한 후 칼집을 2~3번 넣는다.
2. 냄비에 갈비가 잠길 정도의 물을 붓고 끓이다가 갈비를 넣어 살짝 익힌 다음 갈비는 건져 내고 국물은 체에 밭쳐 기름기를 제거하여 깨끗하게 준비한다.
3. 양파는 적당한 크기로 썰어 놓고, 배는 강판에 갈아 분량의 재료를 넣고 양념장을 만든다.
4. 갈비와 양념장을 잘 섞어 하룻밤 정도 재워 둔다.
5. 냄비에 재워 둔 갈비와 갈비를 재워 두었던 양념장을 담고 중불에서 서서히 끓인다.
6. 갈비가 익으면 양파를 넣고 약한 불에서 서서히 익힌다.

정보제공자
서옥선, 전라북도 남원시 운봉읍 화수리

닭찜

재 료

닭(영계) 800g • 밤 130g(8개) • 건표고버섯 25g(8개) • 당근 55g(⅓개) • 대추 10g(4개) • 달걀 100g(2개) • 대파 50g(1⅓뿌리) • 마늘 30g(1통) • 간장 3큰술 • 생강즙 1큰술

만드는 법

1. 닭은 내장을 꺼내고 깨끗하게 손질하고 갈비뼈에 붙은 피를 말끔히 씻는다.
2. 어슷썬 대파와 마늘을 닭 배 속에 넣는다.
3. 생강즙을 넣은 물에 2의 닭을 넣고 약 20분간 끓인다.
4. 밤은 껍질을 벗겨 물에 담가 둔다.
5. 건표고버섯은 물에 불려 줄기를 떼고 갓 위에 십자 모양의 칼집을 낸다.
6. 당근은 깍둑썰어(사방 1cm) 모서리를 다듬고, 대추는 물에 씻어 둔다.
7. 달걀은 삶아 껍질을 벗겨 준비해 둔 밤, 표고버섯, 당근, 대추와 함께 3의 닭에 넣고 간장으로 간을 한 다음 약 20분간 찐다.

출 처
농촌진흥청 농촌영양개선연수원(현 농촌자원개발연구소), 한국의 향토음식, 1994

고문헌
조선요리제법(닭찜)

찜 · 선

대하찜

재 료

대하 400g(4마리) • 쇠고기 400g • 달걀 50g(1개) • 건표고버섯 10g(3개) • 석이버섯 10g(10개) • 실고추 2작은술

쇠고기 양념 간장 4큰술 • 다진 파 4큰술 • 다진 마늘 2큰술 • 참기름 4큰술 • 소금 2큰술

만드는 법

1. 대하는 머리와 수염, 꼬리는 그대로 두고 껍질만 벗긴다.
2. 쇠고기는 곱게 다져 간장, 다진 파, 다진 마늘, 참기름, 소금을 넣어 버무린 후 팬에 볶는다.
3. 껍질을 벗긴 대하의 등 쪽에 칼집을 넣어 반으로 갈라서 대하살을 편 다음 쇠고기 볶은 것을 얹는다.
4. 찜솥에 면포를 깔고 대하를 가지런히 놓고 찐다.
5. 달걀은 황백지단을 부친 후 채 썰고(5×0.2×0.2cm), 건표고버섯과 석이버섯은 물에 불려 채 썬다(5×0.2× 0.2cm).
6. 대하가 거의 다 익었을 때 황백지단, 표고버섯, 석이버섯, 실고추를 대하 위에 고명으로 얹고 뜸을 들인다.

출 처
전라북도 농촌진흥원, 전북음식, 1996

고문헌
음식법(대하찜)

찜 · 선

메기찜

재 료

메기 4마리 • 무 850g(1개) • 시래기 400g • 미나리 20g • 쑥갓 20g • 깻잎 10g(6장) • 풋고추 15g(1개) • 붉은 고추 15g(1개)

시래기 양념 간장 · 고춧가루 · 다진 마늘 · 다진 생강 · 참기름 적량

양념장 고추장 · 고춧가루 · 다진 마늘 · 다진 생강 · 후춧가루 적량

만드는 법

1. 메기는 내장을 제거하고 반으로 썰어 놓는다.
2. 무는 납작썰고 미나리, 쑥갓은 3cm 길이로 썬다. 깻잎, 풋고추, 붉은 고추는 3cm 길이로 채 썬다.
3. 시래기는 간장, 고춧가루, 다진 마늘, 다진 생강, 참기름으로 양념해 놓는다.
4. 냄비에 물을 붓고 무를 넣어 끓이다가 메기와 양념장을 넣고 끓인다.
5. 반 정도 익으면 양념해 놓은 시래기를 넣고 한소끔 더 끓인다.
6. 다 익으면 미나리, 쑥갓, 깻잎, 풋고추, 붉은 고추를 고명으로 얹는다.

출 처
순창군농업기술센터, 순창의 맛 장독대, 2005

양하회(양애회)

재 료

양하 500g • 통깨 약간

초고추장 양념 고추장 2큰술 • 식초 2큰술 • 설탕 1큰술 • 다진 파 1작은술 • 다진 마늘 1작은술 • 참기름 1작은술 • 소금 약간

만드는 법

1. 양하를 끓는 물에 살짝 데친 후 먹기 좋은 크기로 떼어 낸다.
2. 양하에 초고추장 양념을 넣어 무치고 통깨를 뿌려 낸다.

참고사항

양하는 전라북도 정읍의 산내 지역에서 많이 자라며, 9월 부드러운 새순이 나올 때는 회나 무침으로 먹고, 봄철 쇠었을 때는 장아찌를 담가 먹거나 전으로 부쳐 먹는다.

정보제공자
조정순, 전라북도 정읍시 산내면 예덕리

회

추어숙회

재 료

미꾸라지 500g • 쪽파 2뿌리 • 시금치 60g • 풋고추 45g(3개) • 마늘 15g(3쪽) • 달걀 50g(1개) • 상추 · 쑥갓 · 초고추장 적량 • 소금 약간

만드는 법

1. 크지 않은 미꾸라지를 골라 오목한 그릇에 담고 굵은 소금을 뿌린 후 뚜껑을 덮어 두면 잠시 요동치다가 멈춘다. 이것을 여러 차례 맑은 물로 헹군다.
2. 쪽파와 시금치는 5cm 길이로, 풋고추는 어슷썰고, 마늘은 0.2cm 굵기로 채 썬다.
3. 잘 손질한 미꾸라지를 물을 붓고 살짝 찐 뒤 2의 쪽파, 시금치, 마늘, 풋고추와 소금을 넣는다.
4. 3의 재료를 냄비에 넣고 끓으면 달갈물을 끼얹어 한소끔 끓인다.
5. 상추와 쑥갓, 초고추장을 곁들인다.

✽ 참고사항

미꾸라지는 보통 가을에 통통하게 살이 올랐다가 겨울에는 진흙 속에서 동면을 하므로 가을에 가장 맛이 좋다. 그래서 한자어로 추어(鰍魚)라고 불린다. 『임원십육지』 제5권 [정조지]에는 생선을 끓는 물에 넣어 살짝 익힌 회를 숙회라고 하였다.

정보제공자
서정심, 전라북도 남원시 천거동

꼬막회

재 료

꼬막 500g • 실고추 약간

양념장 간장 4큰술 • 다진 파 3큰술 • 다진 마늘 2큰술 • 다진 생강 2큰술 • 고춧가루 1큰술 • 깨소금 2큰술 • 참기름 2큰술

만드는 법

1. 꼬막은 껍데기를 비벼 깨끗이 씻어서 옅은 소금물에 담가 해감을 뺀다.
2. 꼬막을 끓는 물에 넣어 껍데기가 벌어지면 건져서 식힌다.
3. 꼬막의 살이 붙은 쪽 껍데기는 남기고 나머지 쪽 껍데기는 뗀다. 접시에 꼬막의 살이 위로 향하게 가지런히 담는다.
4. 분량의 재료를 고루 섞어 양념장을 만든다.
5. 양념장을 조갯살 하나하나에 조금씩 끼얹고 실고추를 올린다.

참고사항

꼬막을 너무 오래 삶으면 단맛이 다 빠질 뿐만 아니라 살이 질겨지므로 살이 볼록하게 올라올 정도로 삶아야 한다.

출 처
농촌진흥청 농촌영양개선연수원(현 농촌자원개발연구소), 한국의 향토음식, 1994

회

상추줄기회(상추고동회)

재 료

상추줄기(고동) 300g

초고추장 고추장 2큰술 • 식초 1큰술 • 다진 마늘 1작은술 • 설탕 1작은술

만드는 법

1. 상추줄기가 길게 올라왔을 때 고동을 꺾어서 겉껍질을 벗기고 적당한 크기로 썬다.
2. 초고추장을 만들어 버무린다.

정보제공자
천귀덕, 전라북도 부안군 상서면 통정리

마른반찬

가죽부각

재 료

가죽잎 · 찹쌀가루 · 물 · 간장 · 다진 마늘 · 고춧가루 · 통깨 · 실고추 · 식용유 적량 · 소금 약간

만드는 법

1. 가죽잎은 물에 소금을 약간 넣어 데친 다음 말린다.
2. 찹쌀가루로 풀을 쑨 다음 간장, 다진 마늘, 고춧가루, 통깨, 실고추를 넣어 섞는다.
3. 2의 찹쌀풀을 말린 가죽잎에 바른 다음 다시 바싹 말린다.
4. 밀폐용기에 보관해 두었다가 먹을 때 식용유에 튀겨 먹는다.

참고사항

참죽의 새순을 가죽이라고 한다.

출 처

농촌진흥청, 향토음식, www2.rda.go.kr/food/, 2006

정보제공자

오경숙, 전라북도 진안군 진안읍 군하리

마른반찬

국화잎부각

재 료

국화잎 · 식용유 적량

찹쌀풀 찹쌀 4큰술 • 물 100mL(½컵) • 소금 1작은술

만드는 법

1. 국화잎을 깨끗이 씻어 놓는다.
2. 찹쌀가루에 물과 소금을 넣어 풀을 쑨 다음 국화잎 앞면에 찹쌀풀을 발라 바싹 말린다.
3. 식용유에 튀겨 낸다.

참고사항

봄철에는 국화잎 대신 쑥을 이용한다.

정보제공자
한정옥, 전라북도 임실군 관촌면 병암리

마른반찬

김부각

재 료

김 20g(10장) • 식용유 3컵 • 설탕 적량

찹쌀풀 찹쌀가루 4큰술 • 물 100mL(½컵) • 소금 1작은술

만드는 법

1. 찹쌀가루에 물과 소금을 넣어 약한 불에서 뭉근하게 풀을 쑤어 식힌다.
2. 김은 티와 돌을 고르고 편평하게 펴 놓은 다음 1의 찹쌀풀을 고루 바른다.
3. 찹쌀풀을 바른 김을 반으로 접어 채반에 펴 놓고 바싹 말린다.
4. 김이 마르면 가위로 사방 4cm 정도의 크기로 자른다.
5. 160℃ 정도의 식용유에 4의 김을 넣어 튀긴 후 뜨거울 때 설탕을 뿌린다.

출 처

농촌진흥청 농촌영양개선연수원(현 농촌자원개발연구소), 한국의 향토음식, 1994
순창군농업기술센터, 순창의 맛 장독대, 2005

정보제공자

김덕자, 전라북도 전주시 덕진구 고랑동
조정자, 전라북도 순창군 구림면 운남리

마른반찬

풋고추부각

재 료

풋고추 500g(35개) • 식용유 적량

찹쌀풀 찹쌀가루 1컵 • 물 400mL(2컵) • 다진 마늘 1작은술 • 통깨 2큰술 • 소금 약간

만드는 법

1. 고추는 반으로 갈라 씨를 제거한다.
2. 찹쌀가루에 물, 다진 마늘, 통깨, 소금을 넣어 찹쌀풀을 쑤어 식힌다.
3. 1의 고추를 찹쌀풀에 살짝 버무린다.
4. 찜솥에 김이 오르면 찹쌀풀에 버무린 고추를 넣어 찐 다음 햇볕에 바싹 말린다.
5. 말린 고추를 180°C 정도의 식용유에 타지 않게 재빨리 튀겨 건진다.

출 처
순창군농업기술센터, 순창의 맛 장독대, 2005

연사자반

재 료

찹쌀가루 450g(4½컵) • 소주 2컵 • 콩물 1컵 • 간장 3큰술 • 고춧가루 1큰술 • 식용유 3컵

만드는 법

1. 찹쌀가루에 소주와 콩물을 넣어 반죽을 한다.
2. 끓는 물에 2의 반죽을 몇 덩어리로 나누어 넣고 물 위로 떠오르면 건져 낸다.
3. 2를 절구에 넣어 찧다가 간장과 고춧가루를 넣고 찧은 후 두께 0.3cm 정도로 납작하게 눌러 편 다음 5×5cm 크기로 썬다.
4. 방바닥에 한지를 깔아 밀가루를 펴고 3을 그 위에 올린 다음 말린다.
5. 바싹 말랐으면 식용유에 튀긴다.

❁ 참고사항

찹쌀가루에 콩물과 소주를 넣으면 반죽이 부드러워진다.

출 처
농촌진흥청 농촌영양개선연수원(현 농촌자원개발연구소), 한국의 향토음식, 1994

정보제공자
장갑순, 전라북도 남원시 운봉면 서천리

마른반찬

들깨송이부각

재 료

마른 들깨송이 · 식용유 적량

찹쌀풀 찹쌀가루 · 다진 마늘 · 통깨 · 소금 적량

만드는 법

1. 찹쌀풀을 되직하게 끓여 양념을 넣고 고루 섞는다.
2. 마른 들깨송이에 찹쌀풀을 도톰하게 발라 채반에 펴 말린다.
3. 말린 들깨송이를 식용유에 튀긴다.

출 처
순창군농업기술센터, 순창의 맛 장독대, 2005

마른반찬

생강잎부각

재 료

생강잎 500g • 통깨 2큰술 • 식용유 적량

찹쌀풀 찹쌀가루 200g(2컵) • 물 600mL(3컵) • 소금 ½작은술

만드는 법

1. 생강잎은 연하고 싱싱한 것으로 골라 깨끗이 씻어 물기를 뺀다.
2. 찹쌀가루는 풀을 쑤어 소금으로 간한 다음 식혀 놓는다.
3. 생강잎을 한 장씩 펴서 찹쌀풀을 고루 바른 다음 통깨를 뿌리고 채반에 널어 바람이 잘 통하는 곳에서 말린다.
4. 먹을 때마다 160°C 정도의 식용유에서 튀긴다.

출 처
농촌진흥청, 향토음식, www2.rda.go.kr/food/, 2006

마른반찬

미역자반

재 료

마른 미역 50g • 식용유 3큰술 • 설탕 3큰술

만드는 법

1. 미역은 비벼서 돌과 티를 없애고 깨끗한 면포로 닦은 다음 가위로 잘게 잘라 놓는다.
2. 달군 팬에 식용유를 두르고 준비된 미역을 조금씩 넣어 튀기듯 볶는다.
3. 채반에 종이를 깔고 미역을 건져 내 기름을 뺀 다음 뜨거울 때 설탕을 뿌린다.

출 처
전라북도 농촌진흥원, 전북의 맛, 1988

마른반찬

전복쌈

재 료

마른 전복 3개 • 잣 · 식용유 · 소금 약간

만드는 법

1. 마른 전복을 약간 불려서 깨끗이 다듬은 다음 얇게 포를 뜬다.
2. 포를 뜬 전복의 위에 잣 5~6개 정도를 넣고 반으로 접어 반달 모양으로 붙인다.
4. 젖은 면포에 싸서 놓았다가 보기 좋게 상에 놓는다.

출 처
순창군농업기술센터, 순창의 맛 장독대, 2005

고문헌
시의전서(전복쌈), 조선요리제법(전복쌈), 조선무쌍신식요리제법(전복포 : 全鰒包)

마른반찬

육 포

재 료

쇠고기(우둔살) 600g • 간장 3큰술 • 설탕 1큰술 • 마늘즙 5½큰술 • 참기름 1작은술 • 잣 3큰술 • 물엿 1큰술

만드는 법

1. 쇠고기는 0.4~0.5cm 두께로 얇고 넓게 썬 다음 기름과 힘줄을 말끔히 제거한다.
2. 간장, 설탕, 마늘즙, 참기름을 넣어 양념을 만든 다음 쇠고기에 켜켜로 발라 약 30분간 재워 둔다.
3. 양념에 재운 쇠고기를 채반에 가지런히 얹어 3~4일간 편평하게 말린다. 한꺼번에 많이 만들어 저장해 두고 필요할 때 꺼내 사용하면 좋다.
4. 바싹 마르기 전에 걷어서 편평한 곳에 한지를 깔고 말린 포를 차곡차곡 쌓은 다음 그 위에 도마나 판자를 놓고 무거운 것으로 눌러서 하루쯤 두어 편평하게 한다.
5. 4를 마름모 모양으로 잘라서(사방 2cm) 한가운데에 물엿을 바르고 잣을 붙여 접시에 담는다.

출 처

전라북도 농촌진흥원, 전북음식, 1996

순대 · 편육 · 족편

돼지머리편육

재 료

돼지머리 4kg • 물 4L(20컵) • 대파 350g(10뿌리) • 마늘 300g(10통) • 생강 20g(5쪽) • 된장 3큰술 • 청주 2큰술 • 새우젓국 2큰술

만드는 법

1. 돼지머리는 잔털을 깨끗이 손질하여 씻은 후 5~6시간 정도 물에 담가 핏물을 뺀 다음 건져 물기를 뺀다.
2. 솥이나 찜통에 대파, 마늘, 생강, 된장, 청주를 넣고 물을 부은 다음 한소끔 끓인다.
3. 돼지머리를 2에 넣고 2시간 정도 삶는다. 이때 양념이 고기에 배도록 4~5차례 뒤집어 주거나 국물을 끼얹는다.
4. 푹 익기 전에 뼈를 발라 내고 깨끗한 면포에 싼 다음 적당한 무게의 돌로 눌러 놓는다.
5. 편육이 식으면 껍질을 얇게 벗긴 다음 얄팍하게 저며 썰고 새우젓국을 곁들인다.

출 처
전라북도 농촌진흥원, 전북의 맛, 1988

순대 · 편육 · 족편

용봉족편

재 료

우족 2개 • 꿩고기 400g(¼마리) • 달걀 100g(2개) • 표고버섯 30g(2개) • 석이버섯 8g(8개) • 잣 70g(½컵) • 식용유 적량 • 간장 · 식용유 약간

고기 삶는 물 당근 55g(⅓개) • 대파 35g(1뿌리) • 마늘 30g(1통) • 물 적량 • 후춧가루 약간

꿩고기 양념 간장 2큰술 • 참기름 1큰술 • 소금 ½작은술 • 후춧가루 약간

만드는 법

1. 우족은 손질하여 껍질을 벗겨 토막을 내고 꿩고기도 손질하여 핏물을 뺀다.
2. 솥에 우족과 꿩고기를 넣고 크게 썬 당근, 대파, 마늘, 후춧가루를 넣어 물을 넉넉히 붓고 삶는다.
3. 푹 삶은 우족은 뼈를 발라 내고 꿩고기는 다진 다음 간장, 참기름, 소금, 후춧가루로 양념한다.
4. 고기를 건져 낸 국물은 ⅓쯤 조려 식힌 다음 위에 뜬 기름을 걷어 내고 면포에 밭쳐 맑은 국물을 받아 둔다.
5. 달걀은 황백지단을 부쳐 채 썰고(5×0.2×0.2cm), 표고버섯과 석이버섯은 채 썬 다음 간장으로 간을 하여 식용유에 볶는다.
6. 준비한 국물에 양념한 꿩고기를 넣고, 그 위에 황백지단, 표고버섯, 석이버섯, 잣을 고명으로 얹어 굳힌다.
7. 적당히 굳으면 도톰하게 썰어 양념장을 곁들인다.

출 처
농촌진흥청 농촌영양개선연수원(현 농촌자원개발연구소), 한국의 향토음식, 1994

황포묵(노랑청포묵)

재 료

녹두 150g($\frac{2}{3}$컵) • 물 1L(5컵) • 소금 1큰술 • 치자 1개

만드는 법

1. 녹두를 맷돌에서 갈아 반으로 갈라 물에 불린 다음 문질러 씻어 껍질을 깨끗하게 벗겨 낸다.
2. 거피한 녹두는 맷돌이나 분쇄기에서 물을 부어가며 곱게 간다.
3. 2를 고운체에 거른 후 물을 충분히 붓고 6~7시간 두어 앙금이 가라앉으면 윗물을 따라 낸다.
4. 치자는 쪼개서 찬물에 담가 노란빛이 우러나게 둔다.
5. 4의 가라앉은 앙금 1컵에 치자물을 5~6컵 비율로 붓고 잘 섞은 다음 냄비나 솥에 넣고 나무주걱으로 저어가면서 끓인다.
6. 되직해지면 소금을 넣어 간하고 한소끔 끓인다.
7. 큰 그릇에 물을 바르고 6을 부어 식힌다.
8. 묵이 굳으면 납작하게 썰어(5×5×1cm) 양념장을 곁들인다.

2

5

7

❀ 참고사항

'묵'은 곡식 또는 나무열매나 뿌리 따위를 맷돌이나 분쇄기에 갈아서 가라앉힌 후 그 앙금을 죽 쑤듯이 되게 쑤어 식혀서 굳힌 것으로 우리나라 고유의 전통음식이다. 묵의 원료가 되는 앙금(녹말)을 얻을 수 있는 주된 식품은 메밀, 녹두, 옥수수, 도토리, 밤, 칡 등이다. 최초의 묵의 원료가 되는 도토리는 신석기시대부터 그 흔적을 찾아 볼 수 있어 우리나라에서의 묵 쑤기는 오랜 세월 동안 전통적으로 전승되어 온 음식임을 알 수 있다.

출 처

문화공보부 문화재관리국, 한국민속종합조사보고서(향토음식 편), 1984
전라북도 농촌진흥원, 전북음식, 1996

조리시연자

정정희, 전라북도 전주시 덕진구 금암1동

두부

재 료

콩(대두) · 물 · 간수 적량

만드는 법

1. 콩을 물에 8시간 정도 불린 다음 깨끗이 걸러서 맷돌에 간다.
2. 끓는 물에 1의 콩물을 넣어서 여러 번 끓인다.
3. 끓인 콩물을 삼베주머니에 부어서 짠 다음 간수를 넣으면 콩물이 엉겨서 순두부가 된다.
4. 순두부를 두부틀에 면포는 깔고 넣어서 두부틀의 뚜껑을 덮고 1시간 정도 눌러 놓은 다음 적당한 크기로 썬다.

정보제공자
김명자, 전라북도 무주군 무주읍 대차리
김영자, 전라북도 무주군 무주읍 용포리
이성자, 전라북도 무주군 부남면
이소지, 전라북도 무주군 부남면

고문헌
수운잡방(취포 : 取泡), 도문대작(두부), 조선요리제법(두부)

묵 · 두부

메밀묵

재료

메밀 5컵 • 물 · 식용유 적량

만드는 법

1. 메밀을 맷돌이나 분쇄기에서 간 다음 물에 충분히 불려서 체에 거른다.
2. 걸러 낸 간 앙금(전분)에 물을 1 : 6의 비율로 부어 고루 저은 후 식용유 두른 솥에 부어 저으면서 끓인다.
3. 2를 묵틀에 부어 굳으면 적당한 크기로 썬다.

참고사항

- 묵은 양념장으로 채소와 함께 무치며, 메밀묵은 겨울철에 배추김치를 넣어 무치기도 한다.
- 메밀 껍질을 벗기지 않고 껍질째 갈아 묵을 만들어 검은빛이 나는 것을 피묵 또는 강태묵이라고 하며, 전에는 강태묵을 더 좋은 묵이라고 하였다. 메밀 껍질을 벗겨서 묵을 만들어 깨끗한 빛이 나는 것을 메밀묵이라고 한다.

정보제공자
유양순, 전라북도 정읍시 태인읍 매계리
이삼님, 전라북도 무주군 무풍면 현내리
이순이, 전라북도 무주군 설천면

고문헌
조선무쌍신식요리제법(교맥유 : 蕎麥乳)

박대껍질묵

재 료

박대 껍질 · 물 적량 • 소금 약간

만드는 법

1. 말린 박대 껍질을 물에 불린 후 비늘을 숟가락으로 긁어 낸다.
2. 박대 껍질과 물은 같은 분량으로 섞은 다음 소금을 약간 넣고 껍질이 녹아 없어질 때까지 끓인다.
3. 2를 굵은체에 밭친 후 찬 곳에서 식힌다.
4. 다 굳어지면 적당한 크기로 썬다.

참고사항

박대는 우리나라 인천, 군산, 부안 등 서해 연안의 바닷속 갯벌에 사는 어류이다. 우리 옛 어른들은 박대가 많이 날 때 갈무리하는 방법의 하나로 말려서 저장했다. 이때 질기고 거칠어 그대로 먹지 못하는 껍질은 벗겨서 따로 말렸다가 묵으로 만들어 먹었다. 버려지는 자원의 성분을 알아내고 우리 생활에 이용한 지혜를 터득한 것이다.

정보제공자
문현심, 전라북도 군산시 금광동

묵 · 두부

청포묵(녹두묵)

재 료

녹두 150g(⅔컵) • 물 1L(5컵) • 소금 1큰술

만드는 법

1. 녹두는 맷돌에서 갈아 반으로 갈라 물에 불린 다음 문질러 씻어서 껍질을 깨끗하게 벗겨 낸다.
2. 거피한 녹두는 분쇄기나 맷돌에 곱게 간다.
3. 2를 고운체에 거른 후 물을 충분하게 부어 놓은 다음 6~7시간 후 앙금이 가라앉으면 윗물을 따라 낸다.
4. 가라앉은 앙금 1컵에 찬물을 5~6컵 비율로 붓고 잘 섞은 다음 냄비나 솥에 넣고 나무주걱으로 저어 가면서 끓인다.
5. 되직해지면 다 익었으므로 소금을 넣어 간을 한 다음 한소끔 끓인다.
6. 큰 그릇에 물을 바르고 5를 부어 식힌다.

참고사항

전주 팔미 중 하나이다.

출 처
농촌진흥청 농촌영양개선연수원(현 농촌자원개발연구소), 한국의 향토음식, 1994

정보제공자
유순이, 전라북도 완주군 고산면 읍내리

고문헌
조선요리제법(녹두묵), 조선무쌍신식요리제법(녹두유 : 菉豆乳)

장아찌

무장아찌

재 료

동치미무 3개 • 소금 65g(½컵) • 고추장(또는 된장 · 간장) 적량

만드는 법

1. 동치미무는 0.4~0.5cm 두께로 큼직하게 썰고 소금으로 절여 살짝 말려 둔다.
2. 1의 무에 고추장을 충분히 발라 항아리에 담는다.

참고사항

- '무'란 한자의 무우(無憂)에서 유래된 것으로 근심을 없앤다는 뜻이다. 우리나라에서는 삼국시대부터 재배되었던 것으로 추정되나 역사책에는 고려시대에 중요한 채소로 취급되었다고 기록되어 있다.
- 무를 크게 등분할 수도 있지만, 6등분하는 것이 빨리 익고 맛도 골고루 배어 좋다.
- 장아찌는 인류가 식품을 저장해서 먹기 시작한 최초의 원초형 절임류에서 시작된다고 할 수 있다. 우리나라는 상고시대에 이미 무, 가지, 죽순 등이 있었고 삼국시대의 채소류 재배 상황이나 장, 술, 젓갈, 저(菹) 등의 발효식품의 가공기술의 정착, 그리고 식생활구조의 형태가 완성된 점으로 미루어 볼 때 장아찌는 절임의 형태로 식용되었을 것으로 추정되며, 이와 같은 채소절임은 오늘날의 김치와 장아찌로 이어진다고 볼 수 있다. 장아찌에 관한 기록으로는 『동국이상국집』에서 장류를 이용한 '무장아찌'의 기록을 처음으로 볼 수 있으며, 조선시대에는 여러 가지의 조리서와 농서에 다양한 장아찌가 상세하게 기록되어 있다.

1

1

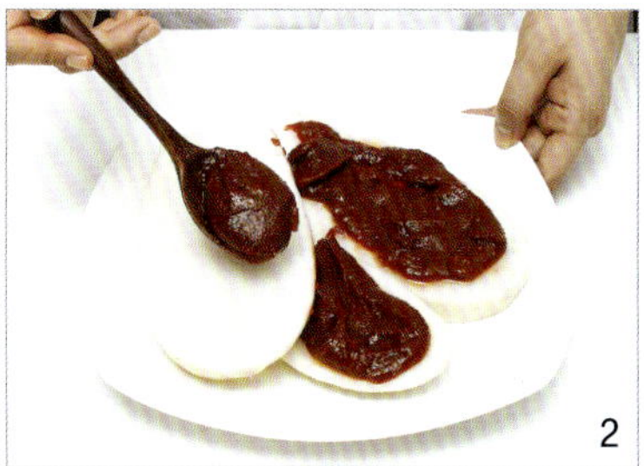

2

정보제공자
한정님, 전라북도 순창군 유동면 외이리

조리시연자
정정희, 전라북도 전주시 덕진구 금암1동

고문헌
시의전서(무날장아찌), 조선요리제법(무장아찌)

장아찌

울외장아찌

재 료

울외 50개 • 술지게미 10kg • 설탕 600g(4컵) • 청주 360mL • 소금 적량

만드는 법

1. 울외는 2등분하여 씨를 빼고, 씨를 뺀 자리에 소금을 듬뿍 뿌려 소금물에 하루 정도 절여 놓는다.
2. 절였던 소금물에 울외를 씻은 다음 자루에 넣어서 무거운 것으로 눌러 놓는다.
3. 술지게미, 설탕, 청주를 잘 섞어서 절여진 울외 속을 채운다.
4. 항아리에 차곡차곡 담아 맨 위에 비닐 한 장을 덮어 놓고 돌로 눌러 둔다.
5. 20일 정도 지나면 알맞게 익어서 먹기기 좋다.

정보제공자
박종숙, 전라북도 익산시 모현동

조리시연자
정정희, 전라북도 전주시 덕진구 금암1동

장아찌

깻잎장아찌

재 료

깻잎 160g(100장) • 마늘 20g(5쪽) • 간장 230g(1컵) • 멸치장국국물(멸치 · 다시마 · 물) 적량 • 물엿 1큰술

만드는 법

1. 깻잎은 깨끗이 씻어서 물기를 빼고 10장씩 항아리에 차곡차곡 담는다.
2. 마늘은 납작하게 썰어 놓는다.
3. 멸치장국국물에 간장을 넣어 끓이다가 마늘과 물엿을 넣고 한소끔 끓인 후 식혀 항아리에 붓는다.
4. 이틀 후 국물만 따라 내어 같은 방법으로 두 번 더 반복한다.

참고사항

깻잎은 향이 좋은 식품으로 김치, 쌈 채소로 많이 애용되는 식품이다. 깻잎장아찌는 깻잎을 여러 장 묶음으로 만들어 간장에 노랗게 삭혀 만든 장아찌이다. 깻잎장아찌는 늦가을 노릇노릇한 깻잎을 따다가 담그면 더 감칠맛이 난다.

정보제공자
박앵도, 전라북도 전주시 완산구 용복동

장아찌

도라지장아찌

재 료

도라지 · 소금 적량 • 참기름 · 깨소금 약간

양념 고추장 · 간장 · 물엿 · 다진 파 · 다진 마늘 적량

만드는 법

1. 도라지는 납작하게 잘라 소금물에 담가 쓴맛을 뺀 다음 채반에 꾸덕꾸덕하게 말린다.
2. 고추장, 간장, 물엿, 다진 파, 다진 마늘을 넣어 끓여서 식힌다.
3. 도라지에 2의 양념을 섞어서 항아리에 담고 숙성시킨다.
4. 상에 낼 때 참기름, 깨소금으로 양념한다.

정보제공자

고기순, 전라북도 진안군 진안읍 군하리
고수정, 전라북도 장수군 장수읍 장수리
신계식, 전라북도 순창군 쌍치면 쌍계리

장아찌

산초장아찌

재 료

산초 열매(또는 잎) · 간장 · 멸치 · 다시마 · 대파 적량

만드는 법

1. 산초가 반쯤 여물었을 때 가지째 따서 끓인 물에 하루 정도 담가 두어 산초 특유의 독기를 없앤다.
2. 간장에 멸치, 다시마, 대파를 넣고 끓여서 식힌 뒤 산초가 든 항아리에 붓는다.
3. 15일 정도 지나면 간장을 따라 내어 다시 한번 끓여 식힌 다음 항아리에 붓는다.

참고사항

산초장아찌는 제철에 담가 저장해 두었다가 여름철 입맛이 없을 때 식욕을 돋우는 반찬으로 이용하면 좋다. 산초는 맛과 향이 강하고 자극적이므로 조금씩 꺼내 담고 건더기가 잠길 정도로 간장국물을 따라 붓는다.

정보제공자
나현숙, 전라북도 고창군 고창읍 내동리

장아찌

감장아찌

재 료

감 10kg(7개) • 소금 2kg(15컵) • 물 · 감잎 적량

양념 고춧가루 3큰술 • 깨소금 1작은술 • 다진 마늘 1작은술 • 설탕 2큰술

만드는 법

1. 소금물을 팔팔 끓여 식힌다.
2. 항아리에 감을 차곡차곡 담아서 감잎으로 덮은 다음 식힌 소금물을 감잎이 잠길 정도로 부은 후 밀봉해 둔다.
3. 감장아찌를 소금물에서 꺼내 물로 씻은 다음 껍질을 깎아 얇게 썰어 양념을 한다.
4. 감을 고추장에 넣어 2개월 후 꺼내 먹는다.

참고사항

감은 동아시아 특유의 과일로서 한국 · 중국 · 일본이 원산지이다. 우리나라에서 감이 언제부터 재배되었는지 정확한 기록은 찾기 어렵지만 지금까지 알려진 바에 의하면 고려 인종(1138) 때 고욤에 대한 기록이 있고, 고려 원종(1284~1354) 때 『농상집요』에 감에 대한 기록이 있다. 또 조선 성종(1470) 때 건시, 수정시 등에 대한 기록이 있으며 조선 초기에 감이 진상물로 되어 있는 것을 보면 재배가 시작된 것은 조선 초기 이전일 것으로 추측된다.

출 처

전라북도 농촌진흥원, 전북의 맛, 1988

농촌진흥청 농촌영양개선연수원(현 농촌자원개발연구소), 한국의 향토음식, 1994

정보제공자

김막례, 전라북도 순창군 동계면 서호리

고들빼기장아찌

재 료

고들빼기 2kg • 소금물(소금 2컵 · 물 12컵) • 고추장 적량

만드는 법

1. 고들빼기는 손질을 깨끗이 하여 씻은 다음 1주일간 소금물에 절여 둔다.
2. 절인 고들빼기를 깨끗이 씻어 물기를 없앤다.
3. 2를 고추장에 버무린 후 2달 후 고추장을 바꿔 준다. 1년에 3~4번 고추장을 바꾸어 저장한다.

✻ 참고사항

고들빼기는 뿌리가 굵고 실하며, 잎이 연하면서도 싱싱한 것을 고른다.

정보제공자
박현순, 전라북도 순창군 순창면 백산리

장아찌

김장아찌

재 료

김 40g(20장) • 통깨 · 잣가루 약간

양념장 멸치장국국물(멸치 · 다시마 · 물) 400mL(2컵) • 간장 230g(1컵) • 물엿 1컵 • 청주 3큰술 • 식초 3큰술

만드는 법

1. 김은 4등분하여 5장씩 마주보게 접은 뒤 실로 느슨하게 묶는다.
2. 양념장 재료를 냄비에 넣고, 약간 되직하게 진한 색이 나도록 조린 다음 식힌다.
3. 김이 들뜨지 않도록 그릇으로 누른 뒤 2의 양념장을 붓는다.
4. 한 달 동안 재워 둔다.
5. 재운 김을 한 장씩 펴 놓고, 통깨와 잣가루로 고명을 얹는다.

출 처
부안군농업기술센터, 부안 향토음식, 2001

장아찌

더덕장아찌(무침)

재 료

더덕장아찌 더덕 690g(30개) • 고추장 적량

더덕장아찌무침 더덕장아찌 80g • 실파 2뿌리 • 다진 마늘 1½큰술 • 통깨 1작은술 • 참기름 1작은술

만드는 법

더덕장아찌

1. 더덕은 향기가 좋고 너무 크지 않은 중간 것이나 작은 것으로 골라 껍질을 얇게 벗겨 낸다.
2. 더덕을 물에 깨끗이 씻은 다음 물기를 빼고 꾸덕꾸덕하게 말려 둔다.
3. 항아리에 고추장, 더덕, 고추장순으로 켜켜이 담아 두어 맛을 들인다. 15일쯤 지나면 맛있는 장아찌가 된다.

더덕장아찌무침

1. 항아리에서 더덕장아찌를 꺼내서 잘게 찢는다.
2. 실파는 깨끗이 다듬어서 송송 썰어 놓는다.
3. 그릇에 찢어 놓은 더덕을 담고 송송 썬 실파, 다진 마늘, 통깨, 참기름 등을 넣어 무친다.

참고사항

익지 않은 고추장으로 더덕을 버무리면 고추장의 날 냄새가 더덕에 배어들어 맛이 없다.

출 처

전라북도 농촌진흥원, 전북의 맛, 1988

농촌진흥청 농촌영양개선연수원(현 농촌자원개발연구소), 한국의 향토음식, 1994

정보제공자

홍정애, 전라북도 정읍시 태인면 매계리

홍진자, 전라북도 순창군 순창면 순화리

장아찌

마늘종장아찌(무침)

재 료

마늘종장아찌 마늘종 1kg • 고추장 적량

마늘종장아찌무침 마늘종장아찌 100g • 다진 파 1작은술 • 통깨 1작은술 • 참기름 1작은술

만드는 법

마늘종장아찌

1. 마늘종은 억세지 않은 것으로 골라 깨끗이 씻은 다음 햇볕에 말려 물기를 없앤다.
2. 물기를 없앤 마늘종은 5개씩 돌돌 말아 묶는다.
3. 고추장에 2의 마늘종을 군데군데 박아 두어 숙성시킨다.

마늘종장아찌무침

1. 고추장 항아리에서 마늘종장아찌를 꺼내어 고추장을 말끔히 훑어 내고 4~5cm 길이로 썬다.
2. 다진 파와 통깨, 참기름을 섞어 마늘종을 무친다.

출 처
전라북도 농촌진흥원, 전북의 맛, 1988

정보제공자
정옥순, 전라북도 순창군 유등면 외이리

생강줄기장아찌(계약장아찌)

재 료

생강줄기 500g • 고추장 적량

양념 고춧가루 · 다진 마늘 · 참기름 · 깨소금 적량

만드는 법

1. 생강줄기를 한 묶음씩 묶어 처마 밑에 놓아 삭힌 다음 줄기를 물에 넣고 생강줄기의 섬유질이 완전히 분해될 때까지 곱게 찧어 놓는다.
2. 찧어 놓은 것을 맑은 물이 나올 때까지 깨끗이 씻는다.
3. 꼭 짜서 물기를 완전히 뺀 다음 한주먹 크기로 뭉친 뒤 그늘에 말린다.
4. 고추장항아리 속에 말린 생강줄기를 깊숙이 박아 놓는다.
5. 1~2달이 지난 후 꺼내 양념을 해서 먹는다.

출 처
전라북도 농촌진흥원, 전북음식, 1996

양파장아찌

재 료

양파 2kg • 마늘 150g(5통) • 간장 1kg(5컵) • 식초 400g(2컵) • 설탕 1큰술

만드는 법

1. 양파와 마늘은 껍질을 벗기고 깨끗이 씻어 둔다.
2. 간장에 식초, 설탕을 넣고 끓여 식혀 놓는다.
3. 항아리에 양파와 마늘을 넣고 2의 양념장을 부은 다음 떠오르지 않도록 돌로 눌러 하루 정도 둔다.
4. 다시 건더기를 거르고 양념장을 다시 한 번 끓인다. 이때 식초로 입맛에 맞게 간을 조절한다.
5. 다시 끓인 양념장을 차게 식혀 다시 양파에 부어 서늘한 곳에서 익힌다.
6. 간이 배면 꺼내 먹는다.

정보제공자
박연희, 전라북도 임실군 신덕면 삼길리

질경이장아찌(빼뿌쟁이장아찌)

재 료

질경이 200g • 고추장 1kg(4컵)

양념 다진 파 · 다진 마늘 · 참기름 · 깨소금 약간

만드는 법

1. 질경이를 잘 씻은 다음 살짝 데쳐서 꾸덕꾸덕한 상태가 될 때까지 말린다.
2. 말려 놓은 질경이를 고추장에 박아 둔다.
3. 입맛이 없는 여름철에 꺼내어 그냥 그대로 먹거나, 분량의 양념을 하여 무친다.

출 처

농촌진흥청 농촌영양개선연수원(현 농촌자원개발연구소), 한국의 향토음식, 1994

장아찌

참외장아찌

재 료

참외 5kg(10개) • 고추장 1kg(4컵) • 소금 4큰술

양념 참기름 · 깨소금 · 설탕 약간

만드는 법

1. 참외는 설익은 것으로 골라 깨끗이 씻어서 반으로 가른 다음 씨를 빼고 소금을 뿌려 1~2시간 정도 절인다.
2. 절여 두었던 참외는 면포로 싸서 무거운 돌로 하루밤 정도 눌러 둔다.
3. 참외가 쪼글쪼글해지면 그늘에서 꾸덕꾸덕하게 말린다.
4. 말린 참외에 고추장을 넣어 버무린 후 항아리에 담고 참외가 보이지 않을 정도로 고추장을 덮는다.
5. 5~6개월이 지나면 참외를 꺼내어 고추장을 훑어 내고 잘게 썰어서 참기름, 깨소금, 설탕으로 양념하여 먹는다.

출 처
전라북도 농촌진흥원, 전북의 맛, 1988

정보제공자
김미숙, 전라북도 고창군 고창읍 교촌리

젓갈 · 식해

진석화젓

재 료

굴 600g(3컵) • 소금 130g(1컵) • 물 적량

양념 풋고추 15g(1개) • 다진 마늘 1작은술 • 참기름 1작은술 • 깨소금 1작은술

만드는 법

1. 굴은 너무 크지 않고 적당히 알이 찬 것을 골라 굴 양의 ⅓의 소금과 섞어서 항아리에 담는다.
2. 상온(15~20℃)에서 20일간 저장하면 적갈색 국물이 흥건히 우러나오고 굴 알맹이는 푸르스름한 빛을 띠게 된다.
3. 적갈색 국물만을 따로 받아 솥에 부어 24시간 동안 끓인다. 적갈색 국물을 끓일 때 처음 부은 물의 양이 24시간이 지난 뒤에도 그대로 남아 있도록 하는 것이 중요한데, 물을 계속 부어 가며 국물의 양이 줄지도 늘지도 않도록 해야 한다.
4. 끓인 국물을 식혀서 항아리에 부으면 이것이 진석화젓이 된다.
5. 이 젓갈을 식탁에 올릴 때는 물기가 전혀 없는 국자로 떠서 고추를 송송 썰어(0.5cm) 분량의 양념으로 무친다.

참고사항

소금의 양이 적으면 굴이 모두 녹아버리고 또 너무 많으면 지나치게 짜게 되므로 소금 양을 잘 맞춰야 한다.

출 처
농촌진흥청 농촌영양개선연수원, 한국의 향토음식, 1994

조리시연자
정정희, 전라북도 전주시 덕진구 금암1동

토하젓

재료

민물새우 2kg • 소금 400g(3컵)

양념 고춧가루 2큰술 • 다진 파 1작은술 • 다진 마늘 1작은술 • 참기름 1작은술 • 깨소금 1작은술

만드는 법

1. 민물새우는 그릇에 넣고 수염이 떨어지게 문질러 씻는다.
2. 민물새우를 소금에 절여 1개월 이상 밀봉해 둔다.
3. 절여 놓은 새우에 갖은 양념을 하여 먹는다.

참고사항

- 예부터 여름철 꽁보리밥을 먹고 체했을 때 토하젓 한 숟가락만 먹으면 낫는다 하여 소화젓으로 널리 알려졌으며 조선시대에는 궁중 진상품으로 유명했다. 맛이 담백하고 깔끔하여 입맛을 돋워 준다.
- 절여 놓은 새우를 찹쌀밥과 3 : 1의 비율로 버무려서 4~5일간 두면 푹 삭게 되는데, 이때 양념을 넣어 반찬으로 먹으면 짠맛이 감소되어 맛이 더욱 좋다.

출 처
농촌진흥청 농촌영양개선연수원, 한국의 향토음식, 1994

조리시연자
정정희, 전라북도 전주시 덕진구 금암1동

꼴뚜기젓(고록젓)

재 료

꼴뚜기 1kg(70마리) • 소금 130g(1컵)

양념 실파 1뿌리 • 고춧가루 1큰술 • 다진 마늘 1큰술 • 통깨 1작은술 • 참기름 1작은술

만드는 법

1. 꼴뚜기는 신선한 것으로 골라 물에 씻어 건져서 물기를 없앤 다음 소금에 버무려 항아리에 담고 밀봉해 둔다.
2. 저장한 꼴뚜기젓을 조금 꺼내어 물에 한 번 씻은 다음 잘게 썰어서 그릇에 담는다.
3. 실파는 다듬어 씻고 송송 썬다.
4. 2의 꼴뚜기젓에 송송 썬 실파, 고춧가루, 다진 마늘, 통깨, 참기름을 넣어 무친다.

참고사항

- 꼴뚜기는 화살꼴두기과에 속하는 연체동물의 한 가지로서 몸 길이는 6cm 내외 정도이다. 전라도 지역에서는 '고록' 또는 '꼬록'이라 한다. 몸빛은 회색을 띤 적갈색인데, 여덟 개의 다리에는 두 줄의 흡반이 있고 길이가 거의 같다. 길이는 몸통의 두 배 가량이 된다. 산란기는 3월인데, 성숙하면 난소(卵巢)가 밥알 모양이 되므로 반소(飯蛸)라고도 하며 얕은 모래땅에 서식한다. 젓을 담그는 것은 산란하기 전이 맛이 좋다. 늦은 봄에 담가서 가을에 먹고 가을에 담가서 겨울, 봄에 먹는데, 처음에 소금을 약간 넣어 하룻밤 지나서 고인 물을 버리고 마른 소금을 다시 얹어서 꼭 봉한다. 소금 간을 지나치게 하면 맛이 없다.
- 상에 낼 때 잣을 올려 내면 보기에 좋다.

출 처

문화공보부 문화재관리국, 한국민속종합조사보고서(향토음식 편), 1984
전라북도 농촌진흥원, 전북의 맛, 1988

젓갈 · 식해

꽃게무침

재 료

꽃게 1kg(4마리) • 양파 80g(½개) • 대파 35g(1뿌리) • 소금 10g(½큰술)

양념장 간장 4큰술 • 설탕 1큰술 • 고춧가루 8큰술 • 생강채 3큰술 • 마늘채 3큰술 • 물엿 3큰술 • 통깨 · 참기름 · 게국물 약간

만드는 법

1. 꽃게는 집게발과 발의 끝부분을 떼고 딱딱한 부분을 방망이로 두들기거나 길게 칼집을 낸다.
2. 몸통에 다리를 붙인 채로 게가 크면 4~6등분하고 작으면 반으로 자른다.
3. 여기에 소금을 뿌려 3시간쯤 시원한 곳에 둔 뒤 체에 밭쳐 물기를 뺀다. 이때 나온 국물은 버리지 말고 받아 두었다 양념장을 만드는 데 쓴다.
4. 양파와 대파는 곱게 채 썬다.
5. 그릇에 양념장 재료를 넣고 3의 게국물을 넣어 섞는다.
6. 여기에 손질한 게와 양파, 파를 넣고 고루 버무린다. 이때 손으로 버무리면 손의 물기 때문에 게의 신선도가 떨어지므로 반드시 고무주걱 2개로 잘 섞어 줘야 한다.
7. 꽃게무침은 바로 먹어도 좋지만 하루 정도 지나 먹으면 더 맛있다.

출 처

부안군농업기술센터, 부안 향토음식, 2001

젓갈 · 식해

꽃게장

재료

꽃게 700g(3마리)

양념장 간장 5큰술 • 소금 1큰술 • 마늘 15g(½통) • 풋고추 45g(3개) • 생강 20g • 매운 고추 45g(3개) • 물 5L • 당귀 · 감초 · 물엿 적량

만드는 법

1. 꽃게는 솔로 문질러 깨끗이 씻어 물기를 빼 놓는다.
2. 분량의 재료를 섞어 끓여서 양념장을 만든다.
3. 2의 양념장을 완전히 차게 식힌 다음 꽃게에 붓고 떠오르지 않게 눌러 놓는다.
4. 2일이 지나면 간장을 따라 내어 다시 끓여 부어 주기를 2~3회 반복한다.

정보제공자
김만복, 전라북도 군산시 내흥동
이문자, 전라북도 익산시 중앙동1가

젓갈 · 식해

조개젓

재료

조갯살 1kg(5컵) • 소금 175g(1⅓컵)

만드는 법

1. 조갯살은 작고 싱싱한 것을 골라 연한 소금물에 살살 흔들어 씻어 채반에 건져 물기를 뺀다.
2. 조갯살에 소금을 넣고 고루 버무려서 항아리에 담은 다음 밀봉하여 서늘한 곳에서 2주일 정도 삭힌다.

참고사항

먹을 때는 필요한 양만 꺼내어 갖은 양념을 넣고 무친다.

출 처
부안군농업기술센터, 부안 향토음식, 2001

고문헌
조선요리제법(조개젓), 조선무쌍신식요리제법(합해 : 蛤醢)

참게장

재 료

참게 20마리 • 간장 2kg(8컵) • 국간장 230g(1컵) • 생강 170g(1½컵) • 마늘 60g(2통) • 마른 고추 20개

만드는 법

1. 참게를 하룻밤 물에 담가 해감을 뺀 후 솔로 깨끗이 씻어 항아리에 담아 간장과 국간장을 섞어 붓는다.
2. 일주일 후 간장을 걸러 낸 다음 끓인다. 거품과 불순물은 걷어 내고 끓여 식힌 후 게가 잠기도록 간장을 붓는다. 5일 후 이를 다시 반복한다.
3. 3일 후 다시 간장을 끓여 식힌 다음 마늘, 생강 저민 것, 마른 고추를 넣어 꼭 눌러 봉해 두었다가 1개월 후 익으면 먹는다.

참고사항

참게는 일반 게와 달리 흙냄새가 나지 않고 그 맛이 독특하여 예로부터 임금님께 진상된 향토요리이다.

주식류
부식류
떡류
과정류
음청류
주류

출 처
농촌진흥청 농촌영양개선연수원(현 농촌자원개발연구소), 한국의 향토음식, 1994

장

전주집장

재 료

메줏가루 1kg • 찹쌀 100g(⅔컵) • 고춧가루 80g(1컵) • 풋고추 140g(10개) • 가지 120g(1개) • 무 ¼개 • 소금 5큰술 • 엿기름가루 약간

만드는 법

1. 풋고추는 소금물에 삭혀 둔다.
2. 가지와 무는 적당히 썰어 소금을 뿌려 말려 둔다.
3. 냄비에 찹쌀을 죽처럼 질척하게 밥을 짓는다(찹쌀가루를 죽처럼 쑤기도 한다).
4. 3에 메줏가루, 고춧가루를 넣어 섞어 주고, 엿기름가루를 넣는다.
5. 4에 풋고추, 절인 가지와 무를 넣고 버무린다.
6. 소금으로 간을 하여 항아리에 담아서 따뜻한 곳에서 발효시킨다(보온밥통에서 하루 동안 익혀서 먹는다).

1

2

3

5

참고사항

- 전라북도 익산 지방에서는 메주콩을 불려 쌀가루와 한 켜씩 시루에 안쳐 푹 쪄 다시 시루 밑에 솔잎을 깔고 푹 덮어 띄운다. 다 뜬 콩을 멍석에 깔아서 말린다. 완전히 말랐으면 씻어서 말려 고운 가루로 빻는다. 남원 지방에서는 찹쌀가루에 물을 뿌려 찐 다음 식기 전에 메줏가루와 고춧가루를 섞는다. 무주 지방에서는 찹쌀 1말을 골마지가 날 때까지 담가 두었다가 씻어 건져서 고두밥을 찐다. 찹쌀 1말에 고춧가루 2되, 메줏가루 3되를 넣고 소금과 간장은 적당하게 넣는다. 달게 하려면 엿기름 식혜를 만들어 끓여 차게 식은 것을 붓는다. 고창 지방에서는 고추장이 유명하여 최상품(最上品)에 들어갈 정도였다.
- 집장은 신속하게 담가 먹는 별미장으로 고추장 비슷한 음식이며 꼭 담그는 철이 있는 것은 아니나 부재료로 들어가는 고추, 가지, 고춧잎, 무 등이 늦가을에 제일 구하기 쉬우므로 그때가 제일 담그기 쉽다.

출 처
문화공보부 문화재관리국, 한국민속종합조사보고서(향토음식 편), 1984

정보제공자
권상수, 전라북도 정읍시 송산동

조리시연자
정정희, 전라북도 전주시 덕진구 금암1동

고문헌
조선무쌍신식요리제법(집장)

순창찹쌀고추장

재 료

메주 콩 6kg • 쌀 4kg

고추장 찹쌀 4kg • 메주 1.2kg • 고춧가루 2kg • 국간장 1.2kg • 소금 0.4kg • 물 1.2kg

만드는 법

메주 쑤기

1. 8월 하순경 콩을 깨끗이 씻어 5~6시간 정도 물에 담가 충분히 불린다. 쌀은 가루로 빻아 둔다.
2. 시루에 불린 콩과 쌀가루를 켜켜이 안쳐 찐다.
3. 2를 절구에 넣고 쳐서 잘 섞은 뒤 밥그릇만 한 크기로 둥글게 빚어 그늘에 매달아 9월 하순까지 띄운다.
4. 잘 뜬 메주는 노란 곰팡이가 생기며 잘라 보면 속이 노르스름하거나 하얗다. 이것을 다시 쪼개어 3~4일 햇볕에 말린 후 가루로 빻고 고운체에 내려 다시 3~4일 햇볕에 말린다.

고추장 담그기

5. 찹쌀을 깨끗이 씻어 물에 불린 다음 시루에 질척하게 쪄 낸다.
6. 4의 메줏가루는 끓여서 식힌 물에 개어 걸쭉하게 해 둔다.
7. 5가 식기 전에 6을 끼얹으면서 절구에서 찧는다.
8. 7을 큰 그릇에 옮겨 이틀 정도 놓아 두면 곱게 삭는데, 이때 고춧가루를 잘 섞은 뒤 국간장과 소금으로 간을 맞춘다.
9. 이렇게 버무린 고추장은 햇볕에 내어 놓고 하루에 20번 정도 주걱으로 저어 주면 고루 삭으면서 색깔이 난다.

❀ 참고사항

• 고려 말 이성계가 스승인 무희대사가 기거하고 있던 전라북도 순창군 구림면 안정이 소재 만일사를 찾아가던 도중 어느 농가에서 고추장에 점심을 맛있게 먹은 후 그 맛을 잊지 못하였다고 하는 유래가 있다.

• 우리나라에서 고추장을 담그기 시작한 것은 1700년대 후반으로, 1800년대 초의 『규합총서』에는 순창고추장과 천안고추장이 팔도의 명물 중 하나로 소개되어 있다.

출 처

문화공보부 문화재관리국, 한국민속종합조사보고서(향토음식 편), 1984
전라북도 농촌진흥원, 전북의 맛, 1988

성모세공사

진숙희, 전라북도 순창군 인계면 갑동리

찌금장(찌엄장)

방법 1

재료

메줏가루 · 동치미국물(또는 소금물) 적량

만드는 법

1. 메줏가루를 동치미국물 또는 소금물에 버무린다.

참고사항

전북 부안 지방의 별미장으로 '우선 지레 먹는 장'이라는 의미로 10월에 장메주를 쑬 때 메줏가루에 김칫국물을 넣어 익히는 것으로 밥반찬으로 먹는다.

정보제공자
서혜경, 전라북도 전주시 완산구 평화동

방법 2

재료

찹쌀 1kg(6컵) • 메줏가루 400g • 고춧가루 400g(5컵) • 황설탕 150g • 소금 180g(1⅓컵)

엿기름물 엿기름 300g(2⅔컵) • 물 1.2L(6컵)

만드는 법

1. 찹쌀에 동량의 물을 넣고 밥을 짓는다.
2. 찹쌀밥에 메줏가루, 고춧가루, 황설탕, 소금, 엿기름물을 넣고 섞는다.
3. 따뜻한 곳(60~65°C)에서 숙성시킨 후 48시간 후에 꺼낸다.

장

청국장

재 료

콩 2.8kg(17½컵) • 소금 650g(5컵) • 고춧가루 400g(5컵) • 다진 마늘 300g(2½컵) • 다진 생강 150g(1¼컵)

만드는 법

1. 콩을 깨끗이 씻은 다음 돌을 고르고 12시간 정도 물에 불려 건져서 푹 삶는다.
2. 콩이 푹 삶아지면 그릇에 펴서 40°C 정도의 온도가 유지되도록 더운 곳에 면포를 씌워 덮어 둔다.
3. 2~3일 후에는 콩에 주름이 보이고 점진물이 생기는데, 이때 절구에 넣고 소금, 고춧가루, 다진 마늘, 다진 생강을 넣어 찧는다. 이것을 항아리에 눌러 담아 둔다.

출 처

문화공보부 문화재관리국, 한국민속종합조사보고서(향토음식 편), 1984

정보제공자

김명자, 전라북도 무주군 무주면
김복순, 전라북도 김제시 요촌동

고문헌

증보산림경제(취국간장법 : 取淸醬法), 시의전서(청국장 : 淸麯醬), 부인필지(청국장), 조선무쌍신식요리제법(국간장 : 淸醬)

식초

감식초

재료

감 7kg(50개)

만드는 법

1. 떨어진 감이나 상처 난 감 중에서 연시를 골라 놓는다.
2. 골라 놓은 연시를 분쇄하여 항아리에 넣고 그릇에 3~4주 동안 둔다.
3. 2를 체에 밭친 다음 다시 3주 동안 항아리에 넣고 숙성시킨다.
4. 3주가 지나면 고운체에 내린다.

출처

농촌진흥청 농촌영양개선연수원(현 농촌자원개발연구소), 한국의 향토음식, 1994

고문헌

산림경제(시초 : 枾醋), 증보산림경제(시초법 : 枾醋法), 조선무쌍신식요리제법(시초 : 枾醋)

떡

감단자

재 료

감 1.3kg(10개) • 찹쌀가루 500g(5컵) • 생강 50g • 팥고물 3컵 • 설탕 5큰술 • 물 적량 • 소금 약간

만드는 법

1. 감은 꼭지를 따고 깨끗이 씻어 물을 부어 푹 곤 다음 체에 거른다.
2. 생강은 편으로 썰어 물을 붓고 끓여 생강물을 만든다.
3. 냄비에 생강물을 붓고 으깬 감, 설탕, 소금을 넣고 섞는다.
4. 3에 찹쌀가루를 넣고 빠르게 저으면서 끓인다.
5. 찹쌀이 익고 덩어리가 지면 꺼내어 식힌다.
6. 5를 적당한 크기로 떼어 모양을 만들어 팥고물을 묻힌다.

참고사항

- 찹쌀가루에 감즙과 생강즙을 넣어 찜솥에 넣고 찐 다음 쳐서 고물을 묻히는 방법도 있다.
- 홍시나 고욤(작은 감)을 가지고 만든다. 홍시는 굵은체에 거르고 무르지 않은 감은 삶아서 거른다.
- 감단자는 감과 찹쌀을 이용한 전통음식으로 일반 떡이 쉽게 노화되는 데 비하여 오랫동안 호화 상태가 유지되어 부드럽고 소화도 잘 되는 영양식이다.

조리시연자
정정희, 전라북도 전주시 덕진구 금암1동

떡

깨찰편(깨찰시루떡)

재료

찹쌀가루 1kg(10컵) • 참깨 2컵 • 검은깨 2컵 • 물 적량 • 소금 · 설탕 약간

만드는 법

1. 찹쌀가루에 물을 부어 섞고 체에 내려 소금, 설탕을 고루 섞어 반으로 나눠 놓는다.
2. 참깨와 검은깨는 각각 씻어서 볶은 후 갈아서 체에 내린다.
3. 시루에 젖은 면포를 깔고 참깻가루, 찹쌀가루, 검은깻가루 순으로 안치고 찐다.
4. 김이 오르면 뚜껑을 닫고 20분 정도 찐다.
5. 한 김 나가면 꺼내어 적당한 크기로 썬다.

1

3

3

3

조리시연자
정정희, 전라북도 전주시 덕진구 금암1동

고문헌
시의전서(깨찰편), 조선무쌍신식요리제법(호마병 : 胡麻餅)

떡

모시잎송편

재 료

멥쌀 10컵 • 팥(또는 동부) 3컵 • 모시잎 200g • 소금 1큰술 • 물 적량 • 참기름 약간

만드는 법

1. 멥쌀을 물에 충분히 불린 후 데친 모시잎이나 생모시잎과 함께 섞어 곱게 빻는다.
2. 팥은 물을 붓고 끓인 다음 물을 버리고 다시 물을 부어 삶는다. 팥이 무르면 물을 따라 내고 뜸을 들인다. 뜸이 들면 소금을 넣고 찧어 송편소를 만든다.
3. 1의 멥쌀가루를 뜨거운 물로 익반죽하고, 반죽을 떼어 손바닥만큼 크게 빚어서 소를 넣고 송편을 빚는다.
4. 빚은 송편은 솔잎을 켜켜로 깔고 쪄 낸다.
5. 참기름을 떨어뜨린 물에 재빨리 헹군다.

3

3

4

5

조리시연자
정정희, 전라북도 전주시 덕진구 금암1동

떡

섭전

재 료

찹쌀가루 300g(3컵) • 물 100mL(½컵) • 소주 2큰술 • 설탕 75g(½컵) • 식용유 적량

고명 밤 30g(2개) • 대추 20g(10개) • 석이버섯 10g(10개) • 황국잎(누런색의 국화잎) 30개

즙청액 설탕 75g(½컵) • 물 100mL(½컵)

만드는 법

1. 물에 소주를 타서 찹쌀가루에 붓고 반죽한다.
2. 밤은 껍질을 벗겨 채 썰고 대추는 돌려 깎아 씨를 빼고 채 썬다. 석이버섯도 물에 불려 깨끗이 씻어 채 썬다.
3. 황국잎에 찹쌀가루를 묻혀 놓는다.
4. 설탕에 물을 부어 젓지 않고 반으로 줄 때까지 끓여 즙청액을 준비한다.
5. 달군 팬에 식용유를 두르고 동글납작하게 빚은 찹쌀 반죽을 올려 놓은 후 밤채, 대추채, 석이버섯채, 황국잎을 위에 얹어 지진다.
6. 뜨거울 때 즙청액을 묻힌다.

1

5

6

출 처
전라북도 농촌진흥원, 전북음식, 1996

조리시연자
정정희, 전라북도 전주시 덕진구 금암1동

떡

전주경단

재료

찹쌀 900g(5컵) • 밤채 ½컵 • 대추채 ½컵 • 곶감채 ½컵 • 설탕 75g(½컵) • 물 150mL(¾컵) • 소금 1큰술

만드는 법

1. 찹쌀은 깨끗이 씻어 5시간 이상 물에 불린 다음 건져 소금을 넣고 빻아 체에 내린다.
2. 끓인 물을 찹쌀가루에 조금씩 부으면서 되직하게 반죽하여 말랑말랑해질 때까지 치댄다.
3. 치댄 반죽을 젖은 면포에 싸 놓고 조금씩 떼어 밤톨 크기로 둥글게 빚는다.
4. 큰 냄비에 물을 붓고 설탕을 넣어 끓인 다음 3의 경단을 넣고 삶는다.
5. 경단이 물 위에 뜨면 건져서 찬물에 헹궈 건져서 물기를 뺀다.
6. 밤채, 대추채, 곶감채를 각각 접시에 고루 펴 놓은 다음 삶은 경단을 놓고 고물을 고루 묻힌다.

2

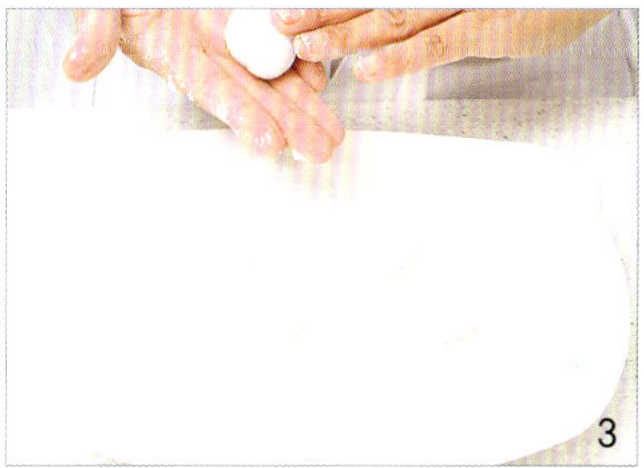

3

5

6

출처
전라북도 농촌진흥원, 전북음식, 1996

조리시연자
정정희, 전라북도 전주시 덕진구 금암1동

도토리설기떡

재 료

도토리 · 소금 · 설탕 · 물 적량

만드는 법

1. 도토리는 껍질을 벗기고 물에 담가 여러 번 갈아 주면서 떫은맛을 우려 낸다.
2. 도토리를 건져 물기를 빼고 곱게 빻는다.
3. 2를 다시 물에 담가 떫은맛을 우려 내고 윗물만 따라 버린다.
4. 가라앉은 앙금(전분)은 그늘에 말린 다음 가루를 빻는다.
5. 4의 도토리가루에 소금, 설탕으로 간을 하고 물을 넣어 보슬보슬하게 섞어 시루에 찐다.

정보제공자
한서순, 전라북도 부안군 진서면 진서리

도토리송편

재 료

도토리가루 3컵 • 멥쌀가루 1.2kg(8컵) • 물 400mL(2컵) • 깨소금 1컵 • 물 2큰컵 • 설탕 3큰술 • 소금 2작은술 • 참기름 적량

만드는 법

1. 도토리가루와 멥쌀가루를 섞고 소금을 넣어 익반죽을 한다.
2. 깨소금과 설탕, 물을 섞어 송편소를 만든다.
3. 1의 반죽에 소를 넣고 송편을 빚은 다음 시루에 쪄서 참기름을 바른다.

참고사항

• 전라도 지방은 산이 낮고 들이 넓어 김제평야를 비롯 나주평야 등 곡창지대를 이루어, 쌀을 비롯한 곡식의 산출량이 많다. 이런 관계로 꽃송편, 깨시루떡, 감고지떡 등 다양한 떡과 화려한 향토음식으로 순후한 인심과 함께 깊은 맛을 자랑해 온 고장으로 유명하다. 송편에 대한 기록으로는 『요록(要錄)』을 시작으로 『성호사설(星湖僿說)』, 『규합총서(閨閤叢書)』, 『동국세시기(東國歲時記)』, 『부인필지(夫人必知)』, 『시의전서(時議全書)』를 들 수 있는데, 문헌에 따라 송편의 주재료로는 멥쌀과 기장이 쓰였으며, 소에는 콩, 팥, 후춧가루, 계피, 검은콩, 잣, 팥, 호두, 생강, 대추, 녹두, 밤, 꿀 등을 각각 또는 2~3가지씩 섞어 쓰기도 하였다. 송편은 또 크기나 모양에 있어서도 다양했는데, 대개 북쪽 지방에서는 크게 만들고 남쪽 지방에서는 작고 예쁘게 빚었음을 알 수 있다. 송편은 가장 대표되는 한국적인 떡이라고 할 수 있는데, 이름 또한 솔잎을 사용한 데서 송편(松餠)이라 부르게 되었다.

• 도토리송편 속에 들어가는 소는 검은콩 외에 팥이나 청대콩, 동부 등을 넣어도 좋다.

정보제공자
한정순, 전라북도 장수군 계북면 매계리

팥시루떡

재 료

멥쌀가루 3.6kg • 팥고물 1.4kg(12컵) • 소금 2큰술 • 물 200~400mL(1~2컵)

만드는 법

1. 멥쌀가루에 물을 부어 손으로 고루 비빈 다음 체에 내린다.
2. 시루에 시루밑을 깔고 팥고물을 두껍게 편 다음 멥쌀가루를 3cm 두께로 넣고 다시 팥고물을 넣어 켜켜이 안친다.
3. 김이 오른 솥에 시루를 얹은 다음 밀가루 반죽으로 시룻번을 붙이고 젖은 면포로 덮고 찌다가 시루 윗부분에서 김이 나면 뚜껑을 덮고 20분 정도 찐다.
4. 잠시 뜸을 들인 후에 꺼내어 적당한 크기로 썬다.

참고사항

팥시루떡은 일상생활에서 가장 친근한 떡으로 액을 막는 떡으로도 많이 쓰인다. 붉은색이 잡귀를 쫓는다고 하여 고사 때나 집을 지을 때, 이사했을 때 또는 함을 받을 때 시루째 올려놓고 탈이 없기를 빈 다음 나누어 먹는 우리의 대표적인 떡이다.

정보제공자
최정숙, 전라북도 남원시

떡

보리개떡

재 료

보리겨 · 호박잎 · 감자 적량

만드는 법

1. 호박잎은 짓이겨 찧고 보리겨와 섞어 놓는다.
2. 1에 감자 갈은 것을 넣고 반죽하여 동글납작하게 빚어 찜솥에 넣고 찐다.

참고사항

보리를 디딜방아에 찧으면 보리겨가 나온다.

정보제공자
고미숙, 전라북도 진안군 진안읍 연장리

떡

송기떡(생키떡)

재 료

소나무 어린 가지 · 멥쌀가루 · 소금 · 물 적량

만드는 법

1. 소나무의 어린 가지의 겉껍질을 벗겨 내고 속껍질 부분만 벗겨서 깨끗이 씻어 절구에 찧는다.
2. 1에 멥쌀가루를 넣어 찧는다.
3. 2의 가루에 물을 넣고 반죽하여 지름 8cm 정도로 동글납작하게 빚어서 찜솥에서 찐다.

정보제공자
박순학, 전라북도 부안군 백산면 용계리

고문헌
산가요록(송고병), 도문대작(송기떡), 증보산림경제(송피병법 : 松皮餠法), 규합총서(송기떡), 시의전서(송피절편 : 松皮절편), 조선요리제법(송기떡), 조선무쌍신식요리제법(송피병 : 松皮餠)

삘기송편

재 료

삘기 · 멥쌀 · 물 · 소금 · 참기름 적량

송편소 참깨 · 설탕 · 소금 · 물 적량

만드는 법

1. 삘기를 훑어서 절구에 찧어 놓는다.
2. 멥쌀을 깨끗이 씻어 12시간 정도 불린 다음 건져 물기를 빼서 소금과 찧어 놓은 삘기로 넣고 가루로 빻는다.
3. 2를 뜨거운 물로 익반죽한다.
4. 참깨는 볶아 절구에서 빻아 소금과 설탕을 넣고 섞으면서 물을 약간 넣어 송편소를 만든다.
5. 3의 반죽을 조금씩 떼어 송편소를 넣고 송편을 빚는다.
6. 찜솥에서 20분간 찐 다음 뚜껑을 열어 한 김 나가게 한 다음 참기름을 떨어뜨린 물에 재빨리 씻어 건진다.

❃ 참고사항

삘기는 띠의 어린 새순인데, 삐삐라고도 불린다. 새순을 뽑아 흰 부분을 씹으면 단맛이 나서 옛날 어린이들의 간식거리로 이용되었다.

출 처

문화공보부 문화재관리국, 한국민속종합조사보고서(향토음식 편), 1984

전라북도 농촌진흥원, 전북음식, 1996

쑥개떡

재 료

쑥 500g • 멥쌀 900g(5컵) • 물 적량 • 소금 약간

만드는 법

1. 잎이 연한 쑥을 골라 깨끗이 씻어 끓는 물에 파랗게 삶아 내어 물기를 꼭 짠 다음 절구에 찧는다. 쑥 삶은 물은 따로 둔다.
2. 멥쌀은 깨끗이 씻어 물에 불린 후 소금을 약간 넣고 곱게 가루로 빻는다.
3. 쑥과 멥쌀가루를 고루 섞어 쑥 삶은 물로 되직하게 반죽하여 지름 8cm로 동글납작하게 빚는다.
4. 찜통에 젖은 면포를 깔고 3을 쪄 내어 참기름을 바른다.

참고사항

- 쑥개떡은 봄에 나오는 햇쑥을 넣고 간편하게 만드는 떡으로 옛날 어려운 시절에 배고픔을 채우기 위해서 많이 해 먹었던 떡이다. 이와 비슷한 떡으로 개떡이 있는데, 개떡은 1940년 『조선요리』에서 '보릿가루, 콩, 소금, 옥수수잎(수숫가루, 빌가루, 풋콩, 콩)을 재료로 주로 신곡 때 많이 만들어 먹는 떡으로서 농촌에서는 손쉽게 만들어 간식으로 즐기는 떡이다' 라고 나와 있다.
- 말린 쑥을 이용할 때는 물에 담가 충분히 불려 무르게 삶고, 쑥 삶은 것을 냉동실에 보관했다가 이용하면 편리하다.

정보제공자
김우순, 전라북도 임실군 오수면
송순자, 전라북도 전주시 덕진구
황정님, 전라북도 순창군 유동면

쑥버무리

재 료

멥쌀 900g(5컵) • 삶은 쑥 4컵 • 팥 210g(1컵) • 설탕 75g($\frac{1}{2}$컵) • 소금 2큰술

만드는 법

1. 멥쌀은 물에 충분히 불려서 소금을 넣고 빻아 체에 내린 다음 설탕을 고루 섞는다.
2. 팥은 푹 삶아 건진는다.
3. 멥쌀가루에 삶은 쑥과 팥을 넣어 섞는다.
4. 시루에 시루밑을 깔고 3을 안쳐 찐다.
5. 시루에서 김이 오른 후에 젓가락으로 찔러 보아 쌀가루가 묻어나지 않으면 그릇에 쏟아 한 김 나간 후 먹기 좋게 썬다.

정보제공자
이효순, 전라북도 남원시 주생면 도산리

쑥송편

재 료

쑥 400g • 멥쌀가루 3kg(20컵) • 소금 2큰술 • 물 670g(3⅓컵) • 참기름 4큰술

송편소 참깨 240g(2컵) • 설탕 100g(약 ⅔컵) • 물 약간

만드는 법

1. 잎이 연한 쑥을 깨끗이 씻어 끓는 물에 파랗게 삶아 내어 물기를 꼭 짠 다음 절구에 찧는다.
2. 쑥과 멥쌀가루를 고루 섞어 잘 빻은 다음 뜨거운 물로 익반죽을 한다.
3. 참깨는 볶아 빻고 설탕과 물을 약간 섞어 소를 준비한다.
4. 반죽을 조금 떼어 동글납작하게 빚어 4의 소를 넣고 반달 모양으로 만든다.
5. 시루에 쪄서 꺼내어 한 김 나간 후 참기름을 바른다.

정보제공자
이정자, 전라북도 김제시 신풍동

고문헌
시의전서(쑥송편)

떡

약식

재 료

찹쌀 900g(5컵) • 밤 320g(20개) • 대추 50g(20개) • 설탕 300g(2컵) • 간장 2큰술 • 참기름 3큰술 • 식용유 3큰술 • 잣 3큰술 • 계핏가루 ½큰술

약식 색소 설탕 150g(1컵) • 물 120mL(⅔컵)

만드는 법

1. 찹쌀은 깨끗이 씻어 5시간 이상 물에 불려 놓는다.
2. 냄비에 설탕과 물 ⅓컵을 붓고 설탕물이 갈색이 될 때까지 끓인 후 나머지 물 ⅓컵을 부어 섞고 약식 색소(캐러멜 색소)를 만든다.
3. 밤은 껍질을 벗겨 반으로 썰고 대추는 씨를 뺀 후 반으로 썰어 놓는다.
4. 불린 찹쌀을 시루나 찜솥에 넣고 찐다.
5. 4의 찹쌀밥에 설탕, 간장, 참기름, 식용유, 약식 색소, 계핏가루를 넣고 나무주걱으로 고루 저으면서 버무린다.
6. 밤, 대추를 5에 섞은 후 밥알에 수분이 스며들도록 3시간 정도 둔다.
7. 찜솥이나 시루에 물에 적신 면포를 깔고 6을 안쳐서 찐다. 찌는 도중에 아래위를 섞어 색이 고루 들도록 한다.
8. 잣을 고명으로 얹는다.

참고사항

약식은 겨울철 음식이고 잔칫상에 빠질 수 없는 전통음식으로 상원(음력 정월 대보름)의 절식이다. 오곡밥의 풍습은 약식에서 유래되었다고 한다. 『삼국유사』에서 보면 신라 21대 소지왕이 왕위에 오르고, 10년이 되는 해의 정월 대보름날(上元日)에 국가의 재앙을 미리 알려 준 까마귀에 대한 보은의 뜻으로 대보름날을 '오기일'로 정하고 제를 지내는 한편 찰밥을 검게 물들여 산에 뿌린 것으로부터 유래하여 1500년의 역사를 가진 우리 고유의 전통음식이다. 약식의 '약(藥)' 자는 병을 고쳐 주는 동시에 이로운 음식이라는 개념을 함께 지니고 있고, 제물로도 쓰여 왔으며 이웃과 나누는 정표로도 나누어 먹는다.

출 처
전라북도 농촌진흥원, 전북의 맛, 1988

정보제공자
오순용, 전라북도 김제시 광활면 옥포리
유영희, 전라북도 장수군 장수읍 장수리
이덕주, 전라북도 전주시 덕진구 만성동

고문헌
조선요리제법(약식)

떡

웃기떡(우찌지)

재 료

찹쌀가루 500g • 팥 100g • 대추 20g(10개) • 석이버섯 10g(10개) • 설탕 2큰술 • 꿀 1큰술 • 소금 1작은술 • 식용유 적량

만드는 법

1. 찹쌀가루는 뜨거운 물로 익반죽한다.
2. 팥은 삶아 체에 내려서 설탕과 꿀을 넣고 버무려 둥글게 빚어 놓는다.
3. 대추는 돌려 깎아 씨를 제거하고 돌돌 말아 0.1cm 두께로 썰고, 석이버섯은 소금물에 씻고 둥글게 말아 채 썬다.
4. 찹쌀 반죽을 조금 떼어 동그랗게 빚고 식용유를 두른 팬에 놓고 납작하게 눌러서 약한 불에 지지다가 2의 팥소를 넣고 말아서 양끝을 눌러 준다.
5. 대추와 석이버섯으로 꽃 모양을 만들어 고명으로 붙인다.

떡

인절미

재 료

찹쌀 1.7kg(10컵) • 팥 420g(2컵) • 콩가루 122g(2컵) • 검은깨 1컵 • 소금 약간

만드는 법

1. 찹쌀은 깨끗이 씻어 5시간 이상 물에 불린다.
2. 시루에 면포를 깔고 불린 찹쌀을 넣어 푹 찐 다음 소금을 약간 넣고 넓은 그릇에 쏟아 방망이로 골고루 친다.
3. 팥은 찜솥에 쪄서 팥고물을 만든다.
4. 검은깨는 깨끗이 씻어서 볶아 빻는다.
5. 2를 가늘고 납작하게 만들어 적당한 길이로 썬 다음 팥고물, 콩가루, 검은깻가루를 각각 묻힌다.

❁ 참고사항

『음식디미방』(1670년)의 인절미 굽는 법은 '엿을 떡 속에 꽂아 구워 아침으로 먹는다' 고 한 것으로 보아 주식 대용으로 먹지 않았나 생각된다. 『증보산림경제』, 『임원십육지』에서는 콩고물을 묻힌 인절미가 기록되어 있으며, 『성호사설』에서는 '떡을 먼저 익힌 다음에 이것을 잘 치고, 여기에 볶아서 가루로 만든 것을 묻힌다' 고 하여 지금의 인절미라 생각된다. 『주례(周禮)』에는 인절미를 '떡 중에서 제일 오래인 것' 이라 하였다. 『우리나라 음식 만드는 법』(1958년)에서는 인절미, 팥인절미, 콩가루인절미, 깨인절미, 쑥인절미, 대추인절미 등이 다양하게 나타나 있다. 그 밖에 『간편조선요리제법』, 『조선요리법』, 『조선요리』 등에도 나온다. 인절미의 이름에 관한 속설로는 조선조 이괄의 난으로 한양이 반란군에게 점령당하여 인조가 공주의 공산성으로 피난하고 있을 때 임씨라는 농부가 찰떡을 해서 바쳤는데, 처음 먹어 보는 떡이라 신하들에게 그 이름을 물었으나 아는 사람이 없어 인조가 친히 이름을 임서방이 절미한 떡이라 하여 임절미라 내린 것이 오늘날 인절미로 바뀌었다. 인절미는 인절병(引絶餠)이라 하는데, 차진 떡이라 잡아당겨 끊는다는 뜻에서 이름이 붙었다.

정보제공자

조숙자, 전라북도 김제시 부량면 대평리

고문헌

지봉유설(인절미), 규합총서(인절미), 조선요리제법(인절미), 조선무쌍신식요리제법(인절병 : 引切餠)

떡

증편

재 료

멥쌀 540g(3컵) • 막걸리 1컵 • 설탕 50g(1/3컵) • 더운 물 400mL(2컵) • 소금 1작은술

고명 대추 10g(3개) • 석이버섯 3g(3개) • 통깨 약간

만드는 법

1. 멥쌀은 물에 2일 정도 담근 후 깨끗이 씻어 소금을 약간 넣고 여러 번 곱게 빻는다.
2. 멥쌀가루에 더운 물을 부어 가면서 반죽을 하는데, 이때 막걸리와 설탕을 넣어 흐를 정도로 묽게 반죽하여 하룻밤 정도 발효시킨다.
3. 대추는 씨를 빼고 채 썰고 석이버섯은 물에 불러 깨끗이 씻어 채 썬다.
4. 찜솥에 면포를 깔고 발효시킨 반죽을 넣어 그 위에 대추채, 석이버섯채, 통깨를 고명으로 얹어서 찐다.

정보제공자

김경숙, 전라북도 전주시 덕진구 동상동

고문헌

도문대작(증편), 음식디미방(증편), 주방문(기증편), 규합총서(증편), 음식법(증편), 시의전서(증병 : 蒸餠), 부인필지(증편), 조선요리제법(증편), 조선무쌍신식요리제법(증병 : 蒸餠)

호박고지찰시루떡

재 료

호박고지 200g • 찹쌀 1.7kg(10컵) • 팥 840g(4컵) • 설탕 115g(3/4컵) • 소금 60g(3 1/2큰술) • 물 약간

만드는 법

1. 호박고지는 물에 잠깐 불려 물기를 짜고 5cm 길이로 썬다.
2. 찹쌀을 물에 불려 소금 2큰술을 넣고 가루를 내어 체에 내린다.
3. 호박고지에 설탕을 묻혀 찹쌀가루와 섞어 둔다.
4. 팥을 삶아 소금 간을 해서 대강 으깨어 둔다.
5. 시루에 면포를 깔고 팥고물을 두껍게 편 다음 3을 3cm 두께로 넣고 다시 팥고물을 넣어 켜켜이 안친다.
6. 물을 살짝 뿌린 다음 찐다.

참고사항

호박고지는 추울 때 얼리면서 말리는 것이 더 달다.

출 처

문화공보부 문화재관리국, 한국민속종합조사보고서(향토음식 편), 1984
전라북도 농촌진흥원, 전북음식, 1996

호박시루떡

재 료

멥쌀 1.8kg(10컵) • 거피팥 4컵 • 늙은 호박 600g • 설탕 150g(1컵) • 소금 2큰술

만드는 법

1. 멥쌀은 깨끗이 씻은 후 물에 8~12시간 정도 담가 두었다가 채반에 건져 소금을 넣고 가루로 빻아 체에 내린다.
2. 거피팥은 깨끗이 씻어 하룻밤 충분히 불려서 김이 오른 찜솥에 찐 후 뜨거울 때 소금을 넣고 절구에 찧어 체에 내린 다음 설탕(½컵)을 섞는다.
3. 호박은 껍질을 벗기고 씨를 제거하여 납작썰어(3×4×0.5cm) 푹 쪄서 체에 내린다.
4. 멥쌀가루에 제에 내린 호박을 섞고 고루 비빈 다음 다시 한번 체에 내려 설탕(½컵)을 넣어 섞는다.
5. 시루에 시루밑을 깔고 그 위에 거피팥고물을 두껍게 깐 다음 4를 안치고 다시 거피팥고물을 얹는 방법으로 켜켜이 안치고 찐다.
6. 김이 오른 후에 15~20분 정도 찐다.

출 저
부안군농업기술센터, 부안 향토음식, 2001

고문헌
시의전서(호박떡), 조선요리제법(호박떡), 조선무쌍신식요리제법(남과병 : 南瓜餠)

떡

호박버무리

재 료

멥쌀가루 750g(5컵) • 팥 210g(1컵) • 늙은 호박 80g • 설탕 2큰술 • 꿀 2큰술 • 물 2큰술

만드는 법

1. 멥쌀가루는 체에 내려 설탕, 꿀물을 넣고 고루 섞은 뒤 체에 다시 한번 내린다.
2. 팥은 삶아 건져 놓고, 늙은 호박은 껍질을 벗겨 씨를 뺀 다음 얇게 자른다.
3. 멥쌀가루에 삶은 팥, 늙은 호박을 넣고 버무려 고루 섞는다.
4. 시루에 시루밑을 깔고 4를 편평하게 편 후 다시 젖은 면포를 덮어 찐다.

떡

흑임자떡

재 료

멥쌀가루 1.5kg(10컵) • 검은깻가루(흑임자가루) 1컵 • 잣가루 3큰술 • 설탕 150g(1컵) • 물 100mL(½컵) • 소금 1큰술 • 대추 적량

만드는 법

1. 멥쌀가루를 체에 내린다.
2. 1에 검은깻가루, 잣가루, 설탕, 물, 소금을 넣고 고루 섞은 후 다시 체에 내린다.
3. 대추는 돌려 깎아 씨를 빼서 돌돌 말아 채를 썬다.
4. 찜통에 면포를 깔고 2를 안친 다음 대추채를 고명으로 얹어 15~20분 정도 찐다.

출 처
순창군농업기술센터, 순창의 맛 장독대, 2005

떡

화전

재 료

찹쌀가루 400g(4컵) • 물 200mL(1컵) • 소금 1작은술 • 거피팥 · 식용유 적량 • 설탕 · 꿀 · 계핏가루 약간

고명 대추 · 쑥갓 적량

만드는 법

1. 찹쌀가루는 뜨거운 물로 익반죽한다. 그래야만 떡 모양을 만들기 쉽고 부칠 때 가장자리가 터지지 않는다.
2. 거피팥에 소금을 넣고 찐 다음 굵은체(어레미)에 내려 설탕, 꿀, 계핏가루를 섞어 소를 만든다.
3. 찹쌀 반죽을 둥글게 한 다음 식용유를 두른 팬에 찹쌀 반죽을 놓고 수저로 가만히 눌러 지진다. 불은 세지 않게 하여야 하고, 불이 세면 타면서 굳어지기 쉽다.
4. 팥소를 넣고 양쪽으로 접어 꼭꼭 눌러 붙여 반달 모양을 만든다.
5. 대추와 쑥갓잎을 모양 내어 붙이는데, 알맞게 익은 쪽에 놓고 숟가락으로 눌러 딱 붙게 하고 뒤집으면 떨어지기 때문에 절대로 뒤집지 않아야 한다.
6. 그릇에 설탕을 뿌리거나 꿀을 바르고 화전은 붙지 않게 놓고 다시 설탕을 뿌리거나 꿀을 바른다.

참고사항

화전은 1611년 『도문대작』에서 '전화법', '유전병'으로 처음 기록되었으며, 『음식디미방』에도 '전화법'이라 기록되어 있다. 『음식디미방』, 『주방문』에서는 찹쌀가루에 메밀을 섞었으나, 1766년 『증보산림경제』 이후의 문헌에서는 찹쌀가루만으로 만든 것으로 기록되어 있다. 또 『동국세시기』에서는 녹두가루를 사용했으며, 두견화 · 장미화 · 국화 등의 꽃과 꿀, 기름 등을 썼고, 1766년 『증보산림경제』, 『18세기 궁중연회 음식고』에서도 기록되어 있다. 1977년대 말엽 『경도잡지』, 1849년 『동국세시기』에 '화전은 삼짇날의 시절음식이라, 만드는 법은 두견화를 찹쌀가루에 같이 넣어 주물러 반죽하였다 하였으나, 현재는 꽃잎 한두 장 찹쌀 반죽의 위에 놓아 꽃의 향기가 그만 못하다'고 하였다. 1800년대 말 『시의전서』, 『이조궁중음식연회고』에는 밥, 대추, 잣을 썼으나 1934년의 『간편조선요리제법』, 『조선요리』에 나오는 화전은 국화, 진달래꽃, 맨드라미꽃 등을 사용했으며, 『조선무쌍신식요리제법』에는 두견전병, 꽃전, 화전으로 불렀으며, 석류, 국화전도 기록되어 여러 종류의 화전을 만들어 왔음을 알 수 있다.

정보제공자

양정자, 전라북도 임실군 운암면 선거리
이형숙, 전라북도 남원시 화정동

고문헌

음식디미방(전화), 증보산림경제(두견화전법 : 杜鵑花煎法), 규합총서(꽃전), 시의전서(두견화전), 부인필지(화전), 조선요리제법(화전)

당(엿)

고구마엿

재 료

고구마 1kg(4개) • 엿기름가루 300g(2⅓컵) • 쌀밥 210g(1공기) • 물 적량

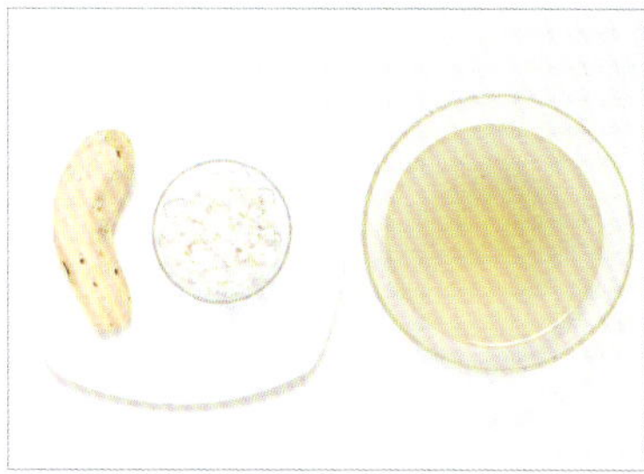

만드는 법

1. 고구마를 삶아서 주걱으로 으깬다.
2. 45°C 정도의 따뜻한 물에 엿기름가루와 으깬 고구마를 잘 섞어 따뜻한 방에서 이불을 덮어 놓고 10시간 정도 삭힌다.
3. 도중에 쌀밥을 넣어 같이 삭힌다. 다 삭혀지면 삼베주머니에 넣어 즙을 짠다.
4. 3을 중간 불에서 6~7시간 동안 잘 지으며 조린다.

1

3

3

4

조리시연자
정정희, 전라북도 전주시 덕진구 금암1동

유과

콩과자(콩깨잘)

재료

콩가루 200g(1$\frac{2}{3}$컵) • 찹쌀가루 200g(2컵) • 좁쌀 200g(1$\frac{1}{3}$컵) • 물 적량

만드는 법

1. 콩가루(100g), 찹쌀가루, 좁쌀을 물로 반죽해 찐다.
2. 1을 절구에 넣고 나머지 콩가루를 깔고 얇게 민다.
3. 얇게 민 반죽을 마름모 모양으로 썰어 잘 말려 놓는다.
4. 먹을 때마다 숯불에 석쇠를 놓고 굽는다.

1

2

3

4

정보제공자
김길자, 전라북도 순창군 순창읍

조리시연자
정정희, 전라북도 전주시 덕진구 금암1동

유과

순창산자(유과)

재 료

찹쌀 1.6kg(10컵) • 대두 3kg(19컵) • 세반 1kg • 물엿 · 물 적량

만드는 법

1. 찹쌀은 깨끗이 씻어 1~10일 정도 물에 담가 삭힌다.
2. 윗물은 따라 버리고 삭힌 찹쌀은 깨끗이 씻은 다음 분쇄기에 갈아 가루를 만든다.
3. 콩은 삶아서 말린 다음 가루 낸다.
4. 찹쌀가루와 콩가루에 물을 넣고 20분 정도 반죽을 한 다음 찜솥에 젖은 면포를 깔고 1시간 정도 찐다.
5. 4를 절구에 넣고 꽈리가 일도록 세게 친다.
6. 안반에 쌀가루를 뿌리고 5의 떡을 밀대로 0.5cm 두께로 밀어 적당한 크기의 사각형으로 썬다.
7. 방바닥에 한지를 깔고 2~3일 동안 말린다.
8. 7을 달궈진 자갈 위에서 굽는다. 또는 낮은 온도와 높은 온도의 식용유에서 2회 튀긴다.
9. 8에 끓인 물엿을 바르고 세반을 묻힌다.

❁ 참고사항

안반이란 흰떡이나 인절미 등을 치는 데 쓰이는 받침으로 병안(餠案)이라 한다. 두껍고 넓은 통나무 판을 편평하게 다듬어서 다리를 붙이거나 제물에 다리가 달리도록 깎아 만든다. 한쪽 또는 중앙을 우묵하게 파내거나, 파내지 않고 넓적한 판 그대로 사용하기도 한다.

출 처

순창군농업기술센터, 순창의 맛 장독대, 2005

유밀과

약과

재 료

밀가루 220g(2컵) • 참기름 3큰술 • 꿀 3큰술 • 청주 3큰술 • 생강즙 1큰술 • 식용유 420g(3컵) • 소금 · 잣가루 약간

즙청액 물엿 290g(1컵) • 계핏가루 1작은술

만드는 법

1. 밀가루는 소금을 넣고 체에 친 다음 참기름을 넣는다.
2. 1의 밀가루를 두 손으로 비벼 참기름이 고루 배도록 한 다음 체에 한 번 더 내린다.
3. 꿀에 청주, 생강즙을 넣고 섞은 후 2의 밀가루에 부어 치대지 말고 뭉쳐 막대 모양으로 만든 다음 잠깐 젖은 면포에 싸서 둔다.
4. 3의 반죽을 약과틀에 넣고 꼭꼭 누르면서 모양을 낸다.
5. 냄비에 물엿을 붓고 약한 중불에 중탕하여 녹인 후 계핏가루를 넣고 섞는다.
6. 4를 160~170℃의 식용유에 진한 갈색이 나도록 튀긴다.
7. 튀긴 약과를 즙청액에 담갔다가 꺼내어 약간 굳으면 잣가루를 뿌린다.

참고사항

설탕 1컵과 물 1컵을 넣고 중탕하여 한 컵이 될 정도로 졸아들면 계핏가루를 섞어 즙청액을 만들어도 된다.

출 처

전라북도 농촌진흥원, 전북음식, 1996

고문헌

산가요록(약과), 도문대작(약과), 지봉유설(약과 : 藥果), 음식디미방(약과), 주방문(약과), 증보산림경제(전유밀약과 : 煎油密藥果法), 규합총서(약과), 시의전서(약과 : 藥果), 부인필지(약과), 조선요리제법(약과), 조선무쌍신식요리제법(약과 : 藥果)

각색산자

재료

찹쌀 900g(5컵) • 청주 3큰술 • 설탕 3큰술 • 식용유 적량

콩물 불린 콩 ½컵 • 물 100mL(½컵)

즙청액 설탕 ½큰술 • 물엿 290g(1컵) • 꿀 1큰술

고물 승검초가루 ½컵 • 송홧가루 ½컵 • 계핏가루 ½컵 • 통깨 45g(½컵) • 세반 1컵

만드는 법

1. 찹쌀을 깨끗이 씻어 1~2주일 정도 물에 담가 둔다. 물로 여러 번 씻어 빻고 가루로 만든 다음 체에 내린다.
2. 불린 콩에 물을 붓고 끓여 콩물을 준비해 둔다.
3. 체에 내린 찹쌀가루에 청주, 설탕, 콩물을 섞어 조금씩 넣고 주걱으로 고루 섞듯이 반죽한다. 찜솥에 젖은 면포를 깔고 반죽을 덩어리로 안쳐서 푹 찐 다음 큰 그릇에 쏟은 후 방망이로 꽈리가 일도록 힘껏 친다.
4. 안반에 쌀가루나 전분을 뿌리고 3을 펴 놓아 밀대로 0.4cm 두께로 민다. 약간 굳힌 다음 가로 2.5cm, 세로 3cm 크기로 썬다.
5. 채반 위에 한지를 깔고 수분 함량이 20% 정도가 되도록(갈라지지 않을 때까지) 말린다.
6. 낮은 온도의 식용유에 5~10분 정도 담가서 불린 다음 130~150℃의 온도의 식용유에 재빨리 옮겨 넣고 반 정도 부풀어 오르면 뒤집어서 네 귀를 눌러 모양을 반듯하게 만들고 완전히 부풀어 오르면 건져서 기름을 빼 놓는다.
7. 튀겨 낸 산자에 즙청액을 바르고, 승검초가루, 송홧가루, 통깨, 계핏가루, 세반을 고물로 묻혀 낸다.

❄ 참고사항

- 유과는 예부터 내려 오는 우리 고유의 과자로 기름에 지져서 만들기 때문에 '기름 유(油)' 자가 붙었다. 유과는 여름철에는 덥고 습기가 많아서 바탕이 쉽게 눅고 엿이 늘어져서 만들기가 어려웠기 때문에 겨울철, 특히 설을 앞두고 많이 만들어 먹었다고 한다. 유과는 크기나 모양이 다양하며 쓰임새도 많다고 한다.
- 골마지란 간장, 된장, 술, 초, 김치 따위의 물기 많은 음식물 겉면에 생기는 곰팡이 같은 물질로 연한 노란색을 띤다.

출처

부안군농업기술센터, 부안 향토음식, 2001

네이버사전(두산백과), www.100naver.com/, 2006

정보제공자

김남희, 전라북도 익산군 함라면

유과

강정

재 료

찹쌀 900g(5컵) • 막걸리 3큰술 • 콩물 200mL(1컵) • 조청 290g(1컵) • 식용유 · 물 적량

만드는 법

1. 찹쌀을 씻어 물과 막걸리를 섞은 것에 1주일 정도 담가 둔다.
2. 삭힌 찹쌀을 물로 여러 번 헹궈 깨끗이 씻고 빻아서 체에 내린다.
3. 2의 찹쌀가루에 콩물과 물을 넣어 반죽하여 푹 찐다.
4. 반죽을 절구에서 치댄 다음 0.5cm 두께로 편평하게 밀어 놓는다.
5. 약간 굳으면 가로 3cm, 세로 0.3cm 크기로 썬다.
6. 따뜻한 방에 한지를 깔고 펴서 말린다.
7. 6을 낮은 온도의 식용유에 넣어 부피가 2배로 불어나면 높은 온도의 식용유에 튀겨 낸다.
8. 기름을 뺀 강정에 조청을 바르고 고물을 묻힌다.

참고사항

강정은 축하용 고임상에 필수음식으로 쓰이고 정초에 세찬음식으로 쓰이기도 한다. 『규합총서』에는 모양이 누에고치처럼 생겼다고 하여 '견병(繭餅)' 이라고도 하고, 또 다른 말로 '한구(寒具)라고도 하였다. 고려 때부터 잔치나 제사, 특히 세배상에 반드시 오르는 과자로 기록에 남아 있다. 『동국세시기』에서는 '오색 강정이 있는 설날과 봄철에 인가(人家)의 제물로 실과행렬(實果行列)에 들며, 세찬으로 손님을 대접할 때 없어서는 안 될 음식이다' 하였다. 『열양세시기』에서도 '인가에서는 제사음식 중 강정을 으뜸으로 삼았다' 고 하였다.

정보제공자
홍순자, 전라북도 남원시 사매면

고문헌
음식디미방(강정), 주방문(강정), 규합총서(감사과), 시의전서(강정방문)

유과

산서산자

재료

찹쌀 280g(1⅔컵) • 막걸리 2큰술 • 콩가루 1작은술 • 밀가루 · 식용유(또는 들기름) · 물 적량 • 조청 · 세반 약간

만드는 법

1. 찹쌀을 깨끗이 씻어 1주일 정도 막걸리, 콩가루와 함께 물에 담가 둔다. 이때 물의 양은 찹쌀이 빡빡할 정도로 부어 둔다.
2. 물에 담가 둔 찹쌀을 건져 놓고 남은 물은 따로 둔다.
3. 건져 놓은 찹쌀은 물기를 뺀 다음 빻아 가루로 만든다.
4. 찹쌀가루를 2에서 따로 둔 물로 반죽한다.
5. 반죽을 시루에 찐 후 절구에서 치댄다.
6. 안반에 밀가루를 깔고 5를 올려 밀대로 도톰하게 민 다음 정사각형으로 썰어서(10×10cm) 햇볕에 바싹 말린다. 이때 덜 말리면 튀길 때 기름도 많이 들고 바삭거림도 덜하므로 바싹 말린다.
7. 밀가루를 털어 내고 식용유나 들기름에 튀겨 낸 다음 기름을 뺀다.
8. 끓인 조청을 바르고 세반을 묻힌다.

출처
농촌진흥청 농촌영양개선연수원(현 농촌자원개발연구소), 한국의 향토음식, 1994

유과

재 료

찹쌀 8kg(48컵) • 콩 320g(2컵) • 물 400mL(2컵) • 조청 220g(3/4컵) • 곶감 200g(6개) • 석이버섯 40g(40개) • 식용유 1.3kg(9컵) • 소금 2큰술 • 밀가루 약간

세반 찰벼 16g

만드는 법

1. 찹쌀은 5일 정도 물에 불린 다음 소금을 넣고 곱게 빻는다(소금은 튀길 때 부서지지 않도록 하기 위해서 넣는다).
2. 콩을 하룻밤 물에 담가 둔 후 곱게 빻는다.
3. 찹쌀가루와 콩가루를 섞이 따뜻한 물로 부슬부슬하게 섞는나(설기넉 만늘 때 물 내리듯이 한다).
4. 찜솥에 면포를 깔고 3을 넣어 뒤적이면서 충분히 찐 다음(1시간) 절구에 넣고 20분 정도 치대면서 섞는다.
5. 안반 위에 밀가루를 깔고 반죽을 탁구공보다 약간 크게 떼어 밀가루를 묻혀 가며 밀대로 두께 0.3cm 정도로 고루 밀어 직사각형을 만든다.
6. 따뜻한 방바닥에 한지를 깔아 5를 놓고 뒤집어 주며 톡 소리가 나며 부서질 정두루 충분히 말린다(3일).
7. 6의 밀가루를 솔로 완전히 털어 내고 뜨거운 식용유에서 튀긴다. 이때 양 끝을 집게로 눌러 주어야 원래의 모양이 유지된다.
8. 하얗게 튀긴 후 종이를 깐 채반에 나란히 세워 두어 기름을 쏙 뺀다.
9. 가마솥에서 충분히 불린 찰벼를 20분 정도 볶으면 튀기 시작하며 벼 껍질이 알맹이에서 떨어진다. 분리가 안 된 껍질은 골라 낸다.
10. 조청이 따뜻할 때 기름에 튀긴 7의 유과를 집게로 집어 조청 속에 담갔다가 꺼내 9의 세반을 묻힌다. 오래 두고 먹으려면 조청을 약간 되직하게 한다.
11. 곶감은 씨를 뺀 다음 가늘게 채 썰고 석이버섯은 물에 불려 깨끗이 씻은 다음 물기를 없애고 채 썬다. 고명 얹을 자리에 조청을 바른 다음 곶감채와 석이버섯채를 보기 좋게 놓는다.

참고사항

보관할 용기에 비닐을 깔고 유과를 넣은 다음 바람이 들어가지 않도록 밀봉해 서늘한 곳에 보관하면 다음해 봄까지도 제 맛을 잃지 않는다.

출 처

농촌진흥청 농촌영양개신연수원(현 농촌자원개발연구소), 한국의 향토음식, 1994

정보제공자

김연순, 전라북도 남원시 금지면 방촌리
최정례, 전라북도 임실군 임실읍 두만리

진안유과(강정)

재료

찹쌀 4kg(24컵) • 콩 120g(¾컵) • 청주 400mL(2컵) • 세반 · 조청 · 설탕 · 식용유 적량 • 밀가루 약간

만드는 법

1. 찹쌀은 겨울에는 3일, 여름에는 하루 동안 물에 담근다. 콩은 불리지 않고 마른 콩을 맷돌에 갈아 껍질을 제거하고, 껍질이 완전히 제거되지 않았으면 약간 불려서 제거한다. 찹쌀과 콩은 채반에 건져 놓는다. 이때 찹쌀을 담가 두었던 물은 버리지 않는다.
2. 찹쌀과 콩은 섞어서 곱게 빻는다.
3. 2의 가루에 청주와 식용유를 넣고 고루 섞어 찹쌀을 담가 두었던 물로 반죽한다(겨울에는 조금 되직한 반죽, 여름에는 약간 묽은 반죽).
4. 반죽한 것을 넓은 쟁반에 개떡 크기만 하게 떼어 놓는다. 솥에 물을 붓고 쟁반이 물 속에 잠기지 않도록 큰 주걱을 가로로 올려 놓은 다음 찐다(찌는 시간은 물이 끓기 시작하여 어느 정도 시간이 경과해야 한다).
5. 4를 절구에 넣고 나무방망이로 치댄다.
6. 안반에 밀가루를 골고루 깔고 그 위에 5를 넓게 편 다음 그 위에 다시 밀가루를 뿌린다. 밀대로 얇게 민 다음 가로 3cm, 세로 0.5~0.8cm로 썬다.
7. 따뜻한 방에 한지를 깔고 6을 말린다. 말리는 도중에 자주 솔로 밀가루를 털어 낸다. 너무 말리면 부스러지기 쉬우므로 표면이 반질반질할 정도로 말린다.
8. 뜨거운 식용유에 7을 넣고 튀겨 낸다.
9. 조청에 설탕을 넣고 끓여서 튀긴 유과에 바르고 세반을 묻힌다.

참고사항

전북 진안 지역은 찹쌀이 고도 300m 이상 산간 고랭지의 청정수로 재배되므로 낮과 밤의 기온 편차가 커서 특유의 찰기, 향, 맛, 색을 더하고 있다. 이 찹쌀로 만든 유과를 궁중 진상품으로 올렸던 적도 있다.

출처

농촌진흥청 농촌영양개선연수원(현 농촌자원개발연구소), 한국의 향토음식, 1994
전라북도 농촌진흥원, 전북음식, 1996

정과

연근정과

재료

연근 190g(1개) • 설탕 100g(⅔컵) • 소금 ½작은술 • 물 600mL(3컵) • 물엿 3큰술 • 꿀 2큰술 • 식초 약간

만드는 법

1. 연근은 가늘고(지름 4cm 정도) 긴 것을 골라 씻어, 껍질을 벗기고 통째로 끓는 물에 굴려 익힌 다음 0.5cm 두께로 썬다.
2. 식초를 약간 넣은 끓는 물에 연근을 넣어 10분 정도 삶아 거의 익으면 물을 따라 버린다.
3. 2에 설탕과 소금, 물을 넣고 센 불에서 끓인다. 끓기 시작하면 불을 약하게 하여 뚜껑을 열고 조린다.
4. 설탕물이 거의 졸아들면 물엿을 넣고 아래위를 뒤적이며 계속 조려 투명해지면 꿀을 넣고 다시 작은 기포가 생길 때까지 조린다.
5. 굵은체로 하나씩 건져 떼어 놓아 식힌 후 그릇에 담는다.

출처

농촌진흥청, 향토음식, www2.rda.go.kr/food/, 2006

고문헌

산림경제(연근전과 : 蓮根煎果), 규합총서(연근정과), 음식법(연근정과), 시의전서(연근정과 : 蓮根正果), 부인필지(연근정과), 조선요리제법(연근정과), 조선무쌍신식요리제법(연근정과 : 蓮根正果)

인삼정과

재 료

인삼 200g • 설탕 150g(1½컵) • 물엿 290g(1컵)

만드는 법

1. 인삼은 먹기 좋은 크기로 썬 다음 설탕(1컵)을 뿌려 재워 둔다.
2. 물엿을 설탕과 같은 분량으로 넣고 1의 인삼을 조린 다음 설탕(½컵)을 묻혀 말린다.

✤ 참고사항

매실과 유자도 같은 방법으로 정과를 만들 수 있다.

출 처

순창군농업기술센터, 순창의 맛 장독대, 2005

고문헌

시의전서(인삼정과 : 人蔘正果), 조선요리제법(인삼정과)

들깨엿강정

재 료

들깨 220g(2컵) • 잣 70g(½컵) • 물엿(또는 갱엿) 200g(⅔컵) • 설탕 2큰술 • 식용유 1작은술

만드는 법

1. 들깨는 씻어 일어 건져 물기를 완전히 뺀 다음 팬에 넣어 타지 않도록 볶는다.
2. 냄비에 물엿, 설탕, 식용유를 넣어 센 불에서 끓인다.
3. 물엿이 거품을 내며 부글부글 끓으면 중간 불로 낮추어 주걱으로 떨어뜨렸을 때 20~30cm의 실이 생길 때까지 조린다.
4. 엿에서 길게 실이 생기면 즉시 볶아 놓은 들깨를 넣고 주걱을 사용해서 고루 섞이도록 젓는다.
5. 편평한 네모틀에 4를 쏟아 붓고 밀대로 편평하게 민다.
6. 5를 틀에서 떼어 내어 물기 없는 도마 위에 놓고 마름모 모양으로 썬다(사방 3cm).
7. 들깨강정 중심 부분에 젓가락을 사용해서 물엿을 찍어 바르고 잣을 한두 개씩 얹는다.

출 처
전라북도 농촌진흥원, 전북의 맛, 1988

엿강정

쌀강정

재료

멥쌀 540g(3컵) • 물 1.8L(9컵) • 물엿 585g(2컵) • 설탕 100g(⅔컵) • 대추 · 송이버섯 · 땅콩 · 식용유 적량 • 소금 약간

만드는 법

1. 멥쌀을 3~4회 씻고 8~12시간 불려서 밥과 죽의 중간 정도 양의 물을 넣고 끓인다. 쌀알이 퍼지기 직전에 꺼내어 찬물에 여러 번 헹군 다음 소금을 넣고 간을 한 물에 한 번 더 헹군다. 채반에 붙지 않게 펼쳐 널어 수분 함량이 20% 정도가 되도록 말린다.
2. 말린 쌀알을 140~150°C의 식용유에 넣고 나무주걱으로 휘저으면서 튀긴다. 부풀어 일어나면 튀김망에 건져 한지를 겹쳐 깔고 기름을 완전히 빼 놓는다.
3. 물엿과 설탕을 약한 불에서 끈기가 나도록 조린 다음 튀긴 쌀과 땅콩을 버무려 넣고 나무주걱으로 잘 섞어 둔다.
4. 대추와 석이버섯은 곱게 채 썬다.
5. 강정틀에 대추채와 석이버섯채를 고명으로 깔고 쌀엿강정을 쏟아 붓고 밀대로 밀어 굳힌 다음 가로 4cm, 세로 2.5cm 크기로 썬다.

정보제공자
이춘순, 전라북도 순창군 순창읍
조숙희, 전라북도 군산시 회현면 증석리

당(엿)

밤엿

재료

쌀 2kg(11컵) • 엿기름가루 230g(2컵) • 콩가루 85g(1컵) • 물 적량

만드는 법

1. 쌀을 물에 충분히 불려 물기를 뺀 후 시루에 쪄서 고두밥을 만든다.
2. 45°C 정도의 따뜻한 물(밥의 5~6배)에 고두밥과 엿기름가루를 넣은 후 잘 섞어 따뜻한 방에서 이불을 덮어 10시간 정도 삭힌 후 면포에 넣고 꼭 짠다.
3. 2의 거른 즙을 솥에 붓고 중간 불에서 6~7시간 동안 주걱으로 잘 저어 주며 조린다.
4. 조청의 색깔이 갈색이 되고 거품이 위를 덮으면 바닥에 콩가루를 깔고 넓은 쟁반에 펴서 식힌다.

참고사항

밤엿은 밤을 넣은 엿이 아니고 진한 갈색의 엿을 말한다. 먹을 때는 바늘이나 못을 엿에 대고 망치로 쳐서 엿을 깨뜨려 먹는다.

정보제공자
서혜경, 전라북도 전주시 완산구 평화동

고문헌
조선요리제법(밤엿), 조선무쌍신식요리제법(밤엿)

당(엿)

삼계쌀엿

재 료

멥쌀 2kg(11컵) • 엿기름가루 230g(2컵) • 물 적량

만드는 법

1. 멥쌀을 하루 정도 물에 담가 두었다가 시루에 고두밥을 찐다.
2. 항아리에 찐 쌀과 엿기름가루를 같이 넣고 밥의 5~6배 되는 뜨거운 물(40~50℃)을 부은 후 뚜껑을 덮고 이불을 덮어 9시간 정도 둔다(물이 너무 뜨거우면 범벅이 되고 차면 엿이 사그러지는 단점이 있다).
3. 2를 삼베주머니에 담아서 꼭 짠다.
4. 3의 물을 불에 올려 원래 물의 ⅓정도가 될 때까지 조린다.
5. 엿을 자꾸 늘이면 갈색이던 것이 점점 하얗게 된다. 적당한 크기로 잘라서 보관한다.

❁ 참고사항

우리나라에서 엿을 만들기 시작한 것은 고려시대부터이며 지금까지 간식으로 이용되고 있다. 쌀엿인 검은엿과 흰엿은 『도문대작』(1611년)에 처음 기록되었으며 그 후 여러 문헌에 기록되고 있다.

출 처

농촌진흥청 농촌영양개선연수원(현 농촌자원개발연구소), 한국의 향토음식, 1994
전라북도 농촌진흥원, 전북음식, 1996

정보제공자

원이숙, 전라북도 임실군 삼계면 삼계리
황을남, 전라북도 순창군 동계면 주월리

당(엿)

찹쌀엿

재 료

찹쌀 420g(2½컵) • 엿기름가루 50g • 물 적량 • 밀가루 약간

만드는 법

1. 찹쌀을 5~6시간 물에 불려 시루에 고두밥을 찐다.
2. 엿기름가루는 미지근한 물에 담가 둔다.
3. 물은 40~50℃ 정도로 데워 고두밥의 5~6배 분량을 넣고, 고두밥과 엿기름가루를 넣어 섞는다.
4. 3을 그릇에 넣어 뚜껑을 덮은 후 따뜻한 방(50~60℃)에 이불로 덮어 둔다. 온도가 잘 맞으면 8시간 정도, 조금 낮은 온도에서 10시간 정도 두면 된다.
5. 4의 밥을 손으로 만져 뭉개지면 삼베주머니에 넣고 대발 위에 얹어 물을 받는다. 양이 많으면 홍두깨로 누르기도 한다.
6. 거른 액을 5시간 정도 끓이다가 반으로 줄면 불을 약하게 하고 농도를 조절한다. 적당한 농도는 엿 달인 것을 찬물에 떠 넣었을 때 재빨리 굳어서 이것을 때리면 한번에 딱 갈라지는 정도가 좋다. 또는 수저로 떨어뜨려 봤을 때 실 같은 것이 나오는데, 이것을 입으로 불면 날아갈 정도의 농도이다.
7. 6의 엿을 떼어 2명이 양쪽에서 여러 차례 반복해서 늘인다. 반복하여 늘일수록 연하고 색깔이 하얗게 되면서 깨끗하고 분량도 많아진다.
9. 늘인 엿은 양쪽으로 잡아당겨 손가락만 한 굵기로 자른 다음 엿에 밀가루를 묻혀 찬 곳에 내어 식힌다.

참고사항

• 늘이기를 할 때는 화로에 물을 얹어 수증기를 올려 주고, 밖과 차단시킨 방에서 온도를 높여야 된다.
• 보관 시에는 항아리나 비닐에 넣어 꼭 싸서 밀폐시킨다.

출 처
농촌진흥청 농촌영양개선연수원(현 농촌자원개발연구소), 한국의 향토음식, 1994

음청

우슬식혜

재료

쌀 900g(5컵) • 우슬뿌리 적량 • 엿기름가루 460g(4컵) • 설탕 3컵 • 생강 20g • 물 4L(20컵)

만드는 법

1. 우슬뿌리를 잘 씻어 물을 붓고 끓인다.
2. 쌀을 깨끗이 씻어 우슬 끓인 물에 불려 놓는다.
3. 쌀을 건져 물기를 빼고 찜솥에 넣어 고두밥을 찐다.
4. 엿기름가루를 망에 넣고 물 속에서 주물러 가라앉혀 엿기름물을 만든다.
5. 엿기름물에 고두밥을 넣어 섞고 우슬 끓인 물을 부은 다음 50~60°C에서 삭힌다.
6. 밥알이 삭아서 떠오르면 설탕과 편으로 썬 생강을 넣고 한 번 더 끓인다.

참고사항

- 우슬은 쇠무릅이라고도 불리는 비름과의 풀이다. 산지의 숲속이나 들에서 자란다.
- 식혜의 기록은 『수문사설』에 처음 나타난다. 식혜의 맛은 엿기름가루에 달려 있는데, 1800년대 말엽 『시의전서』에 엿기름 거르는 법과 함께 '밀엿기름도 좋다' 고 하였고, 『조선요리제법』(1913년)에는 '보리 싹은 제 몸의 길이만큼만 자라면 적당하다' 고 하였다. 이렇게 만든 엿기름가루가 중요한 것은 그 속에 당화효소인 아밀라아제가 많이 있어서 당화작용이 일어나고, 생성된 당(말토오스)은 식혜의 독특한 단맛에 기여하기 때문이다.

정보제공자
박소복, 전라북도 부안군 백산면 거룡리
박연희, 전라북도 임실군 신덕면 삼길리

음청

고추감주

재 료

쌀 360g(2컵) • 엿기름가루 230g(2컵) • 물 2L(10컵) • 설탕 2컵 • 마른 고추 3개

만드는 법

1. 물에 엿기름가루를 고루 풀어 3시간 정도 둔 후 윗물이 맑아지면 따라 놓는다.
2. 쌀은 깨끗이 씻어서 찜솥에 넣고 밥을 찐다.
3. 뜨거운 밥에 엿기름물을 섞어(밥 : 물=1 : 5~6배) 고루 저은 다음 65°C의 온도에서 4시간 정도 둔다.
4. 밥알이 삭아서 떠오르면 마른 고추를 잘라서 넣고 설탕을 넣은 후 끓여서 식힌다.

참고사항

매콤한 맛이 나는 식혜로, 감기에 걸렸을 때 먹으면 좋다.

정보제공자
서혜경, 전라북도 전주시 완산구 평화동

술

과하주

방법 1

재 료

찹쌀 4.5kg • 누룩 9컵 • 소주 5.4L • 엿기름가루 180g(1½컵) • 생강즙 1컵

만드는 법

1. 찹쌀은 물에 불려 고슬고슬하게 밥을 짓거나 찐다.
2. 누룩은 빻아서 가루를 만들어 1의 찹쌀밥과 섞어 항아리에 담아 아랫목에 둔다.
3. 3일 뒤 소주 1.8L를 부어 잘 섞은 뒤 다시 아랫목에 둔다.
4. 하루 지나서 소주 1.8L를 붓고 다시 하루 뒤 소주 1.8L를 부어 잘 섞어 둔다.
5. 3일 후에 생강즙을 4에 넣고 섞어서 뚜껑을 덮어 1주일 동안 둔다.
6. 1주일 뒤 체에 밭쳐서 술을 받는다.

방법 2

재 료

찹쌀 18kg(107컵) • 누룩 18kg • 물 1L(5컵) • 국화 · 말린 쑥 약간

만드는 법

1. 찹쌀을 물에 담갔다가 하루 뒤에 건져 고두밥을 찐다. 채반에 국화와 쑥을 깔고 짚을 펴 놓은 다음 고두밥을 펼쳐 식힌다.
2. 누룩은 24시간 동안 물에 담갔다가 체에 걸러 건더기를 제거한다.
3. 누룩을 우려 낸 물에 고두밥을 섞고 이를 떡판이나 절구통에 넣어 떡메 또는 절구로 쳐서 반죽한다.
4. 반죽한 떡을 식혀 항아리에 담고 한지로 밀봉한다(공기의 소통이 필요하기 때문에 다른 용지는 쓸 수 없다).
5. 80~90일간 발효시킨 뒤 용수를 넣어서 맑은 청주를 떠 낸다.

출 처

농촌진흥청 농촌영양개선연수원(현 농촌자원개발연구소), 한국의 향토음식, 1994

농촌진흥청, 향토음식, www2.rda.go.kr/food/, 2006

고문헌

음식디미방(과하주), 주방문(과하주 : 過夏酒), 산림경제(과하주 : 過夏酒), 증보산림경제(과하주 : 過夏酒), 규합총서(과하주), 시의전서(과하주 : 過夏酒), 부인필지(과하주), 조선무쌍신식요리제법(과하주 : 過夏酒)

술

동동주

재 료

찹쌀 15kg • 누룩가루 1.8kg • 물 18L

만드는 법

1. 찹쌀에 물을 부어 죽을 쑨 다음 누룩가루를 넣어 그릇에 담아 따뜻한 방에서 3일간 발효시켜 밑술을 만든다.
2. 찹쌀을 하루 정도 물에 담가 불린 다음 고두밥을 쪄서 완전히 식힌다.
3. 고두밥과 밑술을 고루 혼합한다. 이때 밥알이 덩어리가 지지 않게 손으로 비벼 고슬고슬하게 한다. 짜각짜각 소리가 나야 수분이 알맞다.
4. 잘 혼합된 술을 항아리에 켜켜이 안쳐 뚜껑을 덮고 따뜻한 방에서 10일간 발효시킨다.
5. 물(7.2L)을 끓여 완전히 식힌 다음 4에 부어 3일간 발효시킨 후 용수를 넣어 용수 내의 술을 떠 내어 서늘한 곳에 보관한다.
6. 5의 방법으로 물 7.2L, 3.6L를 각각 반복하여 부어 넣는다. 세 번 뜬 것을 혼합하여야 술맛이 제대로 난다.

참고사항

- 3000년 전 '천일주'라 하여 처녀가 밥알을 씹어서 만든 것을 시초로 한 이 술은 삭은 밥알이 동동 뜬다고 하여 '동동주'라 불리게 되었다. 조선조부터 임금님께 바친 진상주로 '어주'라고도 하며 양반가에 이 술을 빚는 비법이 내려와 특히 경사가 있을 때 귀빈들에게 대접한 귀한 술이다. 역사가 오래된 우리나라 전통주이며 탁주, 농주, 재주, 회주와 같은 말이다.
- 동동주는 연노란빛이 나며 알코올 농도 15~20%가량의 은은한 향기와 특유의 맛을 가지고 있다.

정보제공자
김우순, 전라북도 임실군 오수면
노숙자, 전라북도 남원시 사매면
이옥진, 전라북도 순창군 유동면

술

삼해주

재 료

누룩 밀 16kg • 물 4.5L

밑술 1 멥쌀 4kg • 물 5.6L • 누룩 800g

밑술 2 멥쌀 4kg • 누룩 300g • 물 5.6L

덧술 찹쌀 24kg • 물 18L

만드는 법

누룩 빚기(음력 6~7월)

1. 밀은 낱알이 반으로 부서질 정도로 맷돌에 한 번 간 다음 물을 넣어 반죽한다. 잘 마른 밀을 쓸 때에는 밀 16kg에 물 4.5L 정도면 된다.

누룩 앉히기

2. 1의 밀 덩어리를 누룩 딛는 그릇(조고리)에 가득 들어갈 정도 크기의 삼베나 면포에 싸서 힘껏 발뒤꿈치로 밟는다. 밟는 힘이 덜하면 누룩이 부슬부슬 깨져 버린다. 조고리가 없을 때는 많이 쓰는 그릇(깊이 10cm 정도)을 이용해도 된다.
3. 가운데가 움푹하게 잘 딛은 누룩은 따뜻한 아랫목에 짚을 푹신하게 깔고 둥글게 놓는다. 그 위에 다시 짚을 한 켜 올리고 다시 누룩을 빙 둘러 놓아 층층이 쌓아 둔다.
4. 3의 누룩이 7일이 지나면 짚을 걷어 내고 맨 안쪽에 있던 누룩을 바깥쪽으로, 바깥쪽에 있던 누룩을 안쪽으로 자리를 바꿔 둔다.
5. 다시 7일 후 켜켜이 쌓았던 누룩더미를 헤쳐서 누룩 하나하나를 짚으로 묶어 천장에 매달아 놓는다.
6. 이렇게 해서 다시 15일이 지나면 누룩이 완성된다.

첫째 돼지날

7. 처음 술을 담는 첫 돼지날 하루 동안을 물에 불린 멥쌀을 누룩 빚을 때 밀 가르듯이 한 번 가른다.
8. 팔팔 끓인 물에 쌀가루를 적당히 넣어 가며 솥바닥에 눌러 붙지 않도록 잘 저어 둔다. 밑술은 젓는 팔이 뻐근할 정도가 돼야 물 가늠이 제대로 된 것이다(밑술 담글 때 제일 중요한 것은 물의 양으로 쌀 4kg에 물 3.6L의 비율을 유지하는 것이다. 막걸리와 같은 발효주는 밥을 쪄서 빚지만 삼해주는 마치 죽과 같은 밑술을 넣어 담근다).
9. 밑술이 다 만들어지면 넓은 그릇에 옮겨 담고 차갑게 식힌다. 이때 밑술이 완전히 식지 않으면 술이 쉽게 쉰다.
10. 잘 식힌 밑술을 누룩과 함께 고루 버무린다. 쌀 4kg을 밑술로 빚었으면 쌀과 누룩의 비율이 5 : 1이 되도록 누룩 800g을 섞는다. 이때는 팔팔 끓였다가 차갑게 식힌 물을 2L 정도 부어 가며 섞어 준다.
11. 누룩이 잘 섞여 갈색 빛깔이 고루 들면 깨끗이 씻은 술독에 차근차근 안친다. 서늘하고 그늘진 곳에 술독을 놓고 다음 돼지날까지 12일간 기다린다.

둘째 돼지날

12. 둘째 돼지날에는 첫째 돼지날과 같은 양의 밑술을 만들고 첫째 돼지날 담갔던 밑술과 함께 잘 버무린다.
13. 고루 섞은 밑술을 새 독에 담는다. 술독을 바꾸지 않으면 술이 쉰다.

셋째 돼지날

14. 셋째 돼지날 마지막 갈무리를 해야 하는데 이때는 멥쌀이 아닌 찹쌀을 쓴다. 찹쌀 24kg을 물에 담갔다가 고두밥을 짓는다. 밥을 찔 때는 손가락으로 밥알을 집어 뭉개 봤을 때 떡처럼 밥알이 서로 엉기면 안 된다.
15. 밥을 펴서 깨끗한 곳에 널어 고루 펴서 식히고 물 18L도 끓여 식혀 둔다.
16. 15의 밥과 누룩 800g을 섞고 술독에 들었던 밑술과 함께 다시 새 술독에 옮겨 담는다. 이때 끓여 식힌 물 17.5L 정도를 붓는다.
17. 술 담금이 끝니면 술독을 짚으로 도톰하게 씨서 땅을 피고 묻는다.
18. 독이 전혀 보이지 않도록 흙으로 덮어 76일 동안 땅에 묻어 둔다.

마시기

19. 첫째 돼지날 이후 백일이 지나면 땅을 파고 술독을 꺼내 용수로 걸러 마신다.

참고사항

- 맷돌에 탄 누룩을 굵은체에 밭처 낸 고운 가루로 만든 것이 좋은 것으로 『내명가루』라 부르며, 또 밀이 아닌 녹두로 타서 디딘 누룩을 최상품으로 친다.
- 설날에 쓸 술이라면 음력 9월 중순 이후 돼지날을 잡아 처음 담가야 한다. 그러나 삼해주는 보통 초겨울 찬바람이 나고서야 담그는 술이다.
- 정월 첫 해인(돼지날)에 시작하여 해일마다 세 번에 걸쳐 빚는다고 하여 붙여진 이름이다. 고려시대부터 제조되기 시작하였으나, 조선시대에 널리 보급되면서 제조법도 다양해졌다.

출 처
농촌진흥청 농촌영양개선연수원(현 농촌자원개발연구소), 한국의 향토음식, 1994
네이버사전(두산백과), 100naver.com/, 2006

고문헌
산가요록(삼해주), 음식디미방(삼해주), 주방문(삼해주), 산림경제(삼해주 : 三亥酒), 증보산림경제(삼해주 : 三亥酒), 시의전서(삼해주 : 三亥酒), 조선무쌍신식요리제법(삼해주 : 三亥酒)

배 술(이강주)

재 료

밑술 쌀 5.3kg • 누룩 2kg • 물 8L

덧술 보리 10.5kg • 누룩 1.5kg • 물 16L • 배 1.9kg(5개) • 생강 20g • 통계피 4g • 울금 8g

만드는 법

1. 쌀은 고두밥을 지어 누룩, 물과 섞어 깨끗한 항아리에 넣어 밑술을 담근다.
2. 3일 후 보리를 씻어 고두밥을 찐 후 누룩, 물, 밑술과 합하여 덧술을 담근다. 4일이 지나면 숙성되는데, 이때는 15도의 약주이다.
3. 숙성된 약주를 소줏고리에서 내린 다음 솥에 숙성약주 18L를 넣고 4회 물갈이를 하면서 35도 소주를 만든다.
4. 이 토종소주 18L에 배, 생강, 통계피, 울금을 넣고 꿀을 섞어 이강주를 만든다.

참고사항

주도가 높아 오래 두어도 안전하며 오래갈수록 맛과 향이 좋아진다.

출 처

전라북도 농촌진흥원, 전북음식, 1996

송순주

재 료

찹쌀 4kg • 멥쌀 1kg(5½컵) • 송순 400g • 누룩 1kg(백곡 · 황곡 각 0.5kg) • 물 적량

만드는 법

밑술 담그기

1. 멥쌀은 깨끗이 씻어서 고두밥을 찐다.
2. 찐 고두밥에 누룩(백곡)을 넣어 물을 붓고 항아리에 안친다.
3. 15~16℃에서 6~7일간 두면 밑술이 된다.
4. 밑술을 걸러서 소주를 내린다.

덧술 담그기

5. 송순을 쪄서 10일 동안 그늘에서 말린 다음 가루를 낸다.
6. 찹쌀을 깨끗이 씻어서 고슬고슬하게 밥을 짓고 누룩(황곡)을 넣어 물을 부은 다음 섞어 놓는다.
7. 6에 송순가루를 넣고 15~16℃에서 13일간 발효시킨다.

숙성시키기

8. 밑술에서 걸러진 소주를 7에 넣고 2~3달 동안 숙성시킨 후 용수를 박고 술을 떠 낸다.

참고사항

- 송순주는 중요 무형문화재 제6호로 지정되었다.
- 소나무는 세계 도처에 100여 종의 품종이 있으나 대부분은 북반구에 분포하고 있다. 우리나라에는 주로 적송(赤松), 육송(陸松) 등의 두 종류가 주류를 이루고 있다. 송순주는 소나무 새순으로 빚는 술로서 원래는 치료를 목적으로 빚었던 것으로 알려져 있다. 송순은 4~5월경 소나무 앞가지에서 돋아난 10~15cm 길이의 송순을 사용한다. 솔잎에서 생즙을 짜서 먹고, 생즙에 식은 흰밥을 넣고 휘저어 두어 송엽죽을 만들어 먹기도 하고, 술을 빚어 송엽주로 마시기도 한다.

출 처
농촌진흥청 농촌영양개선연수원(현 농촌자원개발연구소), 한국의 향토음식, 1994

정보제공자
김복순, 전라북도 김제시 요촌동

고문헌
증보산림경제(송순주 : 松筍酒), 규합총서(송순주), 시의전서(송순주 : 松筍酒), 조선무쌍신식요리제법(송순주 : 松筍酒)

술

송화주(점주)

재 료

찹쌀 · 솔잎 · 송홧가루 · 누룩 적량

만드는 법

1. 찹쌀 찐 것과 솔잎, 송홧가루, 누룩을 섞어 항아리에 물을 붓고 되직하게 반죽한 후 10일 정도 지나 맑은 술을 받는다.
2. 맑은 술에 찹쌀 찐 것과 송홧가루, 솔잎, 누룩을 비벼 담아서 골고루 섞은 후 3개월 이상 발효시킨다.
3. 9월경에 찹쌀이 완전히 가라앉고 솔잎이 위에 뜨면 용수를 박아 걸러 낸다.

참고사항

- 소나무 꽃가루인 송화는 달짝지근한 향내가 있기 때문에 강정, 다식을 만들고, 꿀물에 타서 마시기도 하며, 줄기째 넣고 술을 빚기도 하는데, 이를 송화주라고 한다.
- 5월 중순경에 솔잎과 송홧가루를 채취한다.

정보제공자
임봉택, 전라북도 정읍시 산외면 오공리

술

쌀술

재 료

쌀 7kg • 누룩 3kg • 효모 2큰술 • 소주 1.8L(9컵) • 물 적량

만드는 법

1. 쌀은 물에 24시간 정도 불려 시루에 푹 찐 다음 차게 식힌다.
2. 누룩을 빻아서 식힌 밥과 섞은 후 효모를 넣어 같이 섞는다.
3. 항아리에 2를 넣고 미지근한 물을 2의 3배가량 붓는다.
4. 3에 소주를 넣는다.
5. 항아리를 면포로 덮은 다음 따뜻한 곳에 놓고 이불을 덮어 4~5시간 둔다.
6. 4~5시간 지나 항아리에서 보글보글 소리가 나기 시작하면 공기구멍을 내고 2일 정도 지난 후 덮어 두었던 이불을 벗긴다.
7. 이불을 벗긴 후 하루 정도 지나면 숙성되는데, 이때 용수를 박고 술을 떠 낸다.

출 처
농촌진흥청 농촌영양개선연수원(현 농촌자원개발연구소), 한국의 향토음식, 1994

술

장수동동주

재 료

멥쌀 1.8kg(10컵) • 찹쌀 18kg • 누룩가루 1.8kg • 물 20~30L

만드는 법

밑술 담그기

1. 잘 씻은 쌀에 20~30L 정도의 물을 부어 죽을 쑨다.
2. 끓인 죽을 식혀서 누룩가루를 넣고 잘 섞은 다음 항아리에 넣어서 서늘한 곳에 둔다.
3. 밑술을 체로 거른 다음 그 물을 가라앉힌다.

덧술 담그기

4. 찹쌀로 고두밥을 쪄서 익힌다.
5. 3의 가라앉힌 밑술에 찹쌀 고두밥을 넣어 잘 섞은 다음 항아리에 담아 5~7일 동안 두면 빛깔이 선명하고 맛이 일품인 동동주가 된다.

출 처

전라북도 농촌진흥원, 전북음식, 1996

참고문헌

■ 단행본

강인희. **한국의 맛**. 대한교과서주식회사. 1987.

국립전주박물관. **국립전주박물관**. 1990.

김수 저, 윤숙경 역. **수운잡방 주찬**(1500년대). 신광출판사. 1998.

농촌진흥청 농촌생활연구소(현 농촌자원개발연구소). **소비자가 알기 쉬운 식품영양가표**. 2003.

농촌진흥청 농촌영양개선연수원(현 농촌자원개발연구소). **한국의 향토음식**. 1994.

농촌진흥청. **농촌 식생활 향상을 위한 식생활 평가시스템 개발연구 보고서**. 2000.

두산동아편집부. **두산세계대백과사전**. 두산동아. 1999.

문화공보부 문화재관리국. **한국민속종합조사보고서(전라북도 편)**. 1971.

문화공보부 문화재관리국. **한국민속종합조사보고서(향토음식 편)**. 1984.

방신영. **조선요리제법**. 한성도서주식회사. 1942.

부안군농업기술센터. **부안 향토음식**. 2001.

빙허각 이씨 저, 정량완 역. **규합총서**. 보진재. 1999.

사단법인 대한영양사회 · 삼성서울병원. **사진으로 보는 음식의 눈대중량**. 1999.

사단법인 한국영양학회. **한국인의 영양권장량 제7차 개정**. 2000.

석계부인 안동 장씨 저, 경북대학교 출판부 역. **음식디미방(경북대학교 고전총서 10)** (1670년경). 경북대학교 출판부. 2003.

순창군농업기술센터. **순창의 맛 장독대**. 2005.

신승미 · 손정우 · 오미영 · 송태희 · 김동희 · 안채경 · 고정순 · 이숙미 · 조민오 · 박금미 · 김영숙. **한국 전통음식 전문가들이 재현한 우리 고유의 상차림**. 교문사. 2005.

에드워드 쉴즈 저, 김병서 · 신현순 역. **전통**. 민음사. 1992.

염초애 · 장명숙 · 윤숙자. **한국음식**. 효일문화사. 1999.

유중림 저, 윤숙경 역. **증보산림경제**(1765). 지구문화사. 2005.

윤덕인. **외식조리인을 위한 한국음식 이론 및 조리의 실제**. 관동대학교 출판부. 2005.

윤서석. **우리나라 식생활 문화의 역사**. 신광출판사. 2000.

윤서석. **한국음식 – 역사와 조리**. 수학사. 1984.

윤서석. **한국의 음식용어**. 민음사. 1991.

이성우. **한국식경대전**. 향문사. 1981.

이수광 저, 남만성 역. **지봉유설**(1614). 을유문화사. 1980.

이용기 저, 옛음식연구회 역. **조신무쌍신식요리제빕**(1924). 궁중음식연구원. 2001.

이효지. **한국의 음식문화**. 신광출판사. 2002.

저자 미상, 이효지 외 역. **시의전서**(1800년대). 신광출판사. 2004.

전라북도 농촌진흥원. **전북음식**. 1996.

전라북도 농촌진흥원. **전북의 맛**. 1988.

전순의 저, 농촌진흥청 역. **산가요록(고농서국역총서 8)** (1449). 농촌진흥청. 2004.

전순의 저, 농촌진흥청 역. **식료찬요(고농서국역총서 9)** (1460). 농촌진흥청. 2004.

조신호 · 임희수 · 정낙원 · 이진영 · 조경련 · 김은미. **한국음식**. 교문사. 2003.

지춘상. **남도민속학 개설**. 태학사. 1998.

한국관광공사. **향토음식 관광상품화 방안 – 경상북도 주요 향토음식**. 1993.

한국조리사중앙회 · 한국음식관광협회. **세계를 향한 자랑스런 한국음식 300선**. 2007.

홍만선 저, 민족문화추진회 역. **고전국역총서 산림경제 2권**(1715). 민문고. 1967.

홍진숙 · 박란숙 · 박혜원 · 신미혜 · 최은정. **기초한국음식**. 교문사. 2007.

황혜성 · 한복려 · 한복진. **한국의 전통음식**. 교문사. 1990.

Peter Burke. **Popular culture in early modern Europe**. London. 1978.

■ 논문 및 학술지

고범석 · 강석우. **대구 지역 향토음식의 인식도에 관한 연구 – 대구 동인동 찜갈비를 중심으로**. 한국조리학회지. 10(4) : 15-30, 2004.

김귀영 · 이성우. **『주방문』의 조리에 관한 분석적 연구**. 한국식생활문학회지. 1(4), 1986.

김기숙 · 백승희 · 구선희 · 조영주. **『음식디미방』에 수록된 채소 및 과일류의 저장법과 조리법에 관한 고찰**. 중앙대학교 생활과학논집. 12, 1999.

김기숙 · 이미정 · 강은아 · 최애진. **『음식디미방』에 수록된 면병류와 한과류의 조리법에 관한 고찰**. 중앙대학교 생활과학논집. 12, 1999.

김미희 · 유명님 · 최배영 · 안현숙. **『규합총서』에 나타난 농산물 이용 고찰**. 한국가정관리학회지. 21(1), 2003.

김성미. **경북 지역 대학생의 전통음식에 대한 태도(I) – 전통음식에 대한 평가, 이용도 및 라이프스타일과의 관계**. 한국조리과학회지. 16(1) : 27-35, 2000.

김희선. **어업기술의 발전 측면에서 본 『음식디미방』과 『규합총서』 속의 어패류 이용 양상의 비교 연구**. 한국식생활문화학회지. 19(3), 2004.

민계홍. **향토음식에 대한 전북 지역 대학생들의 인지도 및 기호도에 관한 연구**. 한국조리학회지. 9(2) : 127-147, 2003.

배영동. **안동 지역 간고등어의 소비전통과 문화상품화 과정**. 비교민속학. 31 : 95-128, 2006.

서혜경. **부안군의 야생식용식물의 조리에 관한 조사 연구**. 교육논총. 13, 1998.

서혜경. **우리나라 젓갈의 지역성 연구**. 중앙대학교 박사학위논문. 1987.

서혜경. **전라북도의 음식**. 인문과학연구. 11, 2006.

서혜경. **전주 박복자 할머니의 폐백음식**. 한국식생활문화학회지. 17(4), 2002.

서혜경 · 이영란. **전북 고창 지방의 장아찌에 관한 조사 연구**. 전주대학교 논문집. 20, 1991.

서혜경 · 차명옥. **전주 지방의 전통 주식에 관한 조사 연구**. 비교민속학. 18, 2000.

서혜경 · 차명옥. **전주의 전통 부식 조사 연구**. 인문과학연구. 6, 2001.

손영진. **경기 지방 향토음식의 관광상품화를 위한 소비자 인지도 연구**. 경기대학교 석사학위논문. 2004.

신애숙. **부산의 전통 · 향토음식의 현황 고찰**. 한국조리학회지. 6(2) : 67-78, 2000.

오영준 · 김복일. **광주 · 전남 지역 향토음식의 관광상품화 방안에 관한 연구**. 관광정보연구. 2 : 195-226, 1998.

윤서석. **한국의 국수문화의 역사**. 한국식생활문화학회지. 6(1), 1991.

윤서석 · 조후종. **조선시대 후기의 조리서인 『음식법』의 해설 1**. 한국식생활문화학회지. 8(1), 1993.

윤서석 · 조후종. 조선시대 후기의 조리서인 『음식법』의 해설 2. 한국식생활문화학회지. 8(2), 1993.
윤서석 · 조후종. 조선시대 후기의 조리서인 『음식법』의 해설 3. 한국식생활문화학회지. 8(3), 1993.
윤숙경. 안동 지역의 향토음식에 관한 고찰. 한국식생활문화학회지. 9(1) : 61-69, 1994.
윤은숙 · 송태희. 우리나라 향토음식의 인지도에 관한 연구. 한국조리과학회지. 11(2) : 145-152, 1995.
이광자. 우리나라 문서에 기록된 찬물류의 분석적 고찰. 한양대학교 석사학위논문. 1986.
이선호 · 박영배. 안동 지역 향토음식을 활용한 관광체험 프로그램 개발. 한국조리학회지. 8(3) : 147-168, 2002.
이승진. 향토음식의 인지도 및 기호도. 숙명여자대학교 석사학위논문. 2005.
이은욱. 조선 후기 식기 및 음식의 특색과 변화. 이화여자대학교 석사학위논문. 2002.
이효지. 『규곤시의방』의 조리학적 고찰. 대한가정학회지. 19(2), 1981.
이효지. 『규합총서』, 『주식의』의 조리과학적 고찰. 한양대학교 사대논문집. 1981.
이효지. 조선시대의 떡문화. 한국조리과학회지. 4(2), 1988.
이효지 · 차경희. 『부인필지』의 조리과학적 고찰. 한국식생활문화학회지. 11(3), 1996.
정혜진 · 이효지. 주식류의 문헌적 고찰. 한국식생활문화학회지. 4(3), 1989.
정정희. 전북 인실 지방의 전통음식 조사 연구. 전주대학교 석사학위논문. 2003.
진양호 · 김승희 · 김진영. 향토음식의 관광상품화 방안. 문화관광연구학회지. 3(2), 2001.
차경희. 『도문대작』을 통해 본 조선 중기 지역별 산출식품과 향토음식. 한국식생활문화학회지. 18(4), 2003.
한억. 전통음식의 현대적 인식과 재창조. 서울대학교 석사학위논문. 1996.
한은수. 진안의 식물음식. 전주대학교 석사학위논문. 2005.
한재숙 · 한경필 · 성선향 · 조연숙 · 박경숙 · 김현옥 · 정종기. 전통음식에 대한 경북 지역 주부들의 의식 및 실태조사. 동아시아식생활학회지. 10(6) : 480-494, 2000.

■ 웹사이트

네이버사전(두산백과). 100.naver.com/. 2006.
농촌진흥청. 향토음식. www2.rda.go.kr/food/. 2006.

찾아보기

한국의 전통향토음식 6 전라북도

■ 연구진

김행란 농촌진흥청 농촌자원개발연구소(연구총괄)
김양숙 농촌진흥청 농촌자원개발연구소
최정숙 농촌진흥청 농촌자원개발연구소
이인선 농촌진흥청 농촌자원개발연구소
지선미 농촌진흥청 농촌자원개발연구소
전혜경 농촌진흥청 농촌자원개발연구소
박홍주 농촌진흥청 농촌자원개발연구소
김태영 농촌진흥청 농촌자원개발연구소
이건순 한국농업대학 교수
서혜경 전수대학교 교수
정인경 중앙대학교 교수
박선화 전라북도 농업기술원(현 전라북도 부안군농업기술센터)

■ 감 수

조후종 전 명지대학교 교수
주종재 군산대학교 교수

■ 그 외 도움 주신 분들

이정임 전라북도 농업기술원
김삼숙 전라북도 남원시농업기술센터
김애숙 전라북도 김제시농업기술센터
김정미 전라북도 군산시농업기술센터
김진혜 전라북도 정읍시농업기술센터
오현미 전라북도 고창군농업기술센터
이수란 전라북도 장수군농업기술센터
이옥희 전라북도 임실군농업기술센터
이항녀 전라북도 완주군농업기술센터
정영은 전라북도 순창군농업기술센터
조미란 전라북도 익산시농업기술센터
조영희 전라북도 전주시농업기술센터
조현숙 전라북도 무주군농업기술센터
진민영 전라북도 진안군농업기술센터
최형자 전라북도 부안군농업기술센터

한국의 전통향토음식 6

전라북도

2008년 5월 15일 초판 인쇄
2008년 5월 20일 초판 발행

기획 · 편집처 농촌진흥청 농업과학기술원 농촌자원개발연구소
기획 · 편집인 조 순 재
주소 경기도 수원시 권선구 서둔동 88-2
전화 031-299-0590~2
팩스 031-299-0553

제작 · 발행처 (주)교 문 사
제작 · 발행인 류 제 동
우편번호 413-756
주소 경기도 파주시 교하읍 문발리 출판문화정보산업단지 536-2
전화 031-955-6111(代)
팩스 031-955-0955
등록 1960. 10. 28. 제406-2006-000035호

홈페이지 www.kyomunsa.co.kr
이메일 webmaster@kyomunsa.co.kr

ISBN 978-89-363-0920-6 94590
ISBN 978-89-363-0914-5 94590(전10권)

* 잘못된 책은 바꿔 드립니다.

값 35,000원